Albert Raasch

Grammatik Französisch

Grundstrukturen für die sprachliche Kommunikation

Max Hueber Verlag

CIP-Kurztitelaufnahme der Deutschen Bibliothek

Raasch, Albert:

Grammatik Französisch : Grundstrukturen für d. sprachl.
Kommunikation / Albert Raasch. – 1. Aufl. – München
[i.e. Ismaning] : Hueber, 1983.
ISBN 3–19–003162–2

1. Auflage
3. 2. 1. | Die letzten Ziffern
1987 86 85 84 83 | bezeichnen Zahl und Jahr des Druckes.
Alle Drucke dieser Auflage können nebeneinander benutzt werden.
© 1983 Max Hueber Verlag München
Redaktionelle Betreuung: Frau Dr. Gudrun Guckler
Umschlaggestaltung: Dieter Vollendorf, München
Gesamtherstellung: Manz AG, Dillingen · Printed in Germany
ISBN 3–19–003162–2

Inhalt

Vorwort 6

Zur Einführung 7

Der Artikel 10
    Der bestimmte Artikel 11
    Der unbestimmte Artikel und der Teilungsartikel . 14

Das Substantiv 19
    Das Geschlecht 20
    Singular – Plural 25
    Ergänzungen zum Substantiv 28
    Ländernamen 30
    Großschreibung der Substantive 34

Das Adjektiv 35
    Die Formen des Adjektivs 36
    Die Übereinstimmung des Adjektivs 41
    Die Stellung des Adjektivs 42
    Die Steigerung des Adjektivs 43
    Gleichsetzung/Vergleich 45
    Verbindungen mit Adjektiven 45

Zahlwörter 48
    Grundzahlen 48
    Ordnungszahlen 52
    Bruchzahlen 54
    Sammelzahlen 54
    Datum und Uhrzeit 55

Das Pronomen 56

Das Possessivpronomen 56
    Das adjektivische Possessivpronomen 57
    Das substantivische Possessivpronomen 59

Das Demonstrativpronomen 60
    Das Demonstrativpronomen als Adjektiv . . . 61
    Das Demonstrativpronomen als Substantiv . . 61
    ce; cela; ça; ceci 62

Das Indefinitpronomen 66
    autre; personne d'autre; rien d'autre; d'autre;
    entre autres; l'autre jour 66
    certain; chacun; chaque; même 68

quelque; quelque chose; rien; quelqu'un; personne; quelque(s); quelques-un(e)s	70
tout	71
Das Personalpronomen	73
Das verbundene Personalpronomen	73
Das Reflexivpronomen	79
en und *y*	80
Stellung der Pronomen	82
Das unverbundene Personalpronomen	86
Frageformen / Das Interrogativpronomen	88
Das Relativpronomen	97
Die Präposition	101
Das Verb	116
Das Tempus	116
Das Präsens	116
Das Passé récent	117
Das Perfekt	117
Das Imperfekt	118
Das Plusquamperfekt	119
Das Passé simple	120
Das Futur composé	121
Das Futur simple	121
Das 2. Futur	122
Das Konditional	123
Bedingungssätze mit *si*	124
Die indirekte Rede	126
Der Konjunktiv	127
Das Passiv	129
Zusammenfassung zu einzelnen Formen:	131
Das Partizip	131
Der Infinitiv	134
Das Gerundium	138
Übereinstimmung des Verbs	139
Hilfsverben	140
„Regelmäßige" Verben	143
„Unregelmäßige" Verben	148
Die Verknüpfungen des Verbs	169
Wichtige Verben und ihre Verwendung . . .	172
Das Adverb	191
Abgeleitete Adverbien	192
Ursprüngliche Adverbien	194
Der Gebrauch des Adverbs	195
Die Steigerung des Adverbs	196
Gleichsetzung/Vergleich	197
Adverbien und adverbiale Ausdrücke	197
Adverbiale Strukturen (ohne Präpositionen) . .	213
Die Negation	214
Form	214
Der Gebrauch von *ne*	216
Die Stellung der Verneinungswörter	218

Der Satz und seine Verknüpfungen 219

Die Wortstellung 219
Die Wortstellung im Aussagesatz 219
Die Wortstellung im Fragesatz 222
Die Wortstellung im Befehlssatz 222
Die Wortstellung im Nebensatz 222

Die Konjunktionen 223

Anhang 226
Verzeichnis der grammatischen Ausdrücke ... 226
Lautumschrift 231

Sachverzeichnis 232

Vorwort

1 In der vorliegenden Lern- und Nachschlagegrammatik sind folgende **Niveaustufen** voneinander abgehoben:
   Stufe 1: Grammatische Grundstrukturen des **Anfangsunterrichts**
   (1. und 2. Lernjahr; etwa das Niveau des „Grundbausteins")
   Stufe 2: Grammatische Grundstrukturen für das **3. (und 4.) Lernjahr** (etwa das Niveau des „VHS-Zertifikats")
   Kennzeichnung dieser 2. Stufe: Wenn nur eine einzige Zeile betroffen ist:
   ■   ■   (= Anfang)   ■ (= Anfang)   □ (= Ende)
   □   □   (= Ende)
   Stufe 3: Zur Ergänzung: einige grammatische Strukturen für die **Aufbaustufe** (nach dem 3./4. Lernjahr).
   Kennzeichnung dieser 3. Stufe: Wenn nur eine einzige Zeile betroffen ist:
   ◨   ◨   (= Anfang)   ◨ (= Anfang)   ◧ (= Ende)
   ◧   ◧   (= Ende)

Diese Unterteilung wird dem Lerner helfen, sich auf den für ihn wichtigen Lernstoff zu konzentrieren und dadurch zielstrebig und ökonomisch zu lernen.

2 Diese Grammatik ist lehrwerk**un**abhängig, d. h. sie kann zum Nachschlagen und zum Lernen verwendet werden, gleichgültig welches **Lehrwerk** dem Unterricht zugrunde liegt.

3 Diese Grammatik beschreibt die Sprache in ihrem **Gebrauch.** Anhand von **Beispielen** wird illustriert, welche **Bedeutung** und welche **Funktion** die sprachlichen Strukturen in einem Text haben (können); und da Sprache immer in **Situationen** geäußert wird, wird der **kommunikative Rahmen** der Äußerungen jeweils knapp vorgestellt.

4 In der **Auswahl** stützt sich diese Darstellung auf die **Französische Mindestgrammatik.**

Kiel/Saarbrücken, 1982   A. R.

Zur Einführung

1. Wir gehen von einer Äußerung als Beispiel aus („Hast du ihn nicht gesehen?"). Die Wörter verweisen auf „die Welt": auf Personen, Gegenstände, Sachverhalte (*tu; l'; voir; ne – pas*) (Referenz).

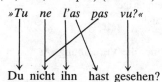

2. Mit dieser Äußerung macht der Sprecher eine Aussage über diese Ausschnitte aus der Welt (Prädikation), d. h. er stellt Beziehungen zwischen den Ausschnitten aus der Welt her.

3. Schauen wir uns den zusammenhängenden Dialog zwischen A und B an:

(A) Hast du ihn nicht gesehen?	(B) Wen denn?	(A) Den Lehrer. Er war auch im Kino.	(B) Nicht möglich!
(A) *Tu ne l'as pas vu?*	(B) *Qui donc?*	(A) *Le prof. Il était aussi au cinéma.*	(B) *C'est pas vrai!*
1	**2**	**3**	**4**

Wir stellen fest: Die Äußerung 2 ist die Antwort auf die Äußerung 1; 3 schließt wieder an 2 an, und 4 an 3. Jeder Satz hat seinen Platz im Text und kann nicht willkürlich umgestellt werden. Diese **Verkettung** kann man deutlicher machen:

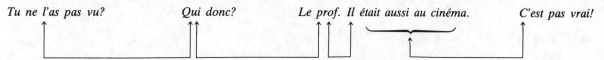

Verkettung der Einzelelemente ist wesentliches Merkmal von Äußerungen und Texten; die vorliegende Grammatik wird die **Funktion** der sprachlichen Elemente **bei der Verkettung zu Texten** besonders berücksichtigen.

4. Äußerungen haben in der Kommunikation jeweils eine „Bedeutung" (eine Funktion):

Tu ne l'as pas vu?	*Qui donc?*	*Le prof. Il était aussi au cinéma.*	*C'est pas vrai!*
↑	↑	↑	↑
Informationsfrage	ungeduldige oder neugierige Rückfrage	Information	Äußerung des Erstaunens, ungläubige Verwunderung

Wie vieldeutig ein sprachliches Element (hier die Verneinung »ne . . . pas« / *nicht*) im Kontext – je nach der Situation – sein kann, zeigt folgender Beispielsatz:

(Vater): »*Pierre* **ne** *sort* **pas** *ce soir.*«   (Pierre geht heute abend nicht fort.)

(1) „Ist Pierre heute abend zu Hause?" (Vater:) „Ja, Pierre geht heute abend nicht fort."	(2) „Darf Pierre heute abend mit mir fortgehen?" (Vater:) „Pierre geht heute abend nicht fort."	(3) „Soweit ich weiß, geht Pierre heute abend fort." (Vater:) „Das glaube ich nicht. Pierre geht heute abend nicht fort."	(4) „Gehen wir also heute abend alle zusammen?" (Vater:) „Pierre geht heute abend nicht fort."
Information	**Verbot**	**Widerspruch**	**Enttäuschung**

Wir stellen also am Beispiel von *ne . . . pas / nicht* fest: **Eine** Form hat **mehrere** Bedeutungen (Funktionen).

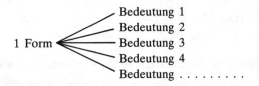

Übrigens gilt auch das Umgekehrte:

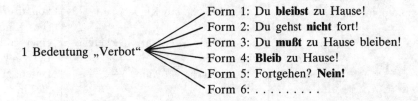

Die vorliegende Grammatik will an Beispielen zeigen, welche **Funktionen** die grammatischen Strukturen innerhalb von bestimmten Kommunikationssituationen ausüben können. Damit macht diese Grammatik den Versuch, das Erlernen grammatischer Strukturen mit dem Erwerb von Fähigkeiten, sich kommunikativ zu äußern, zu verknüpfen.

Der Artikel/das Geschlechtswort (l'article)

Bedeutung des Artikels

Welche sprachliche Handlung kann mit Hilfe des Artikels vollzogen werden?

Situation	Äußerung	Bedeutung
Pierre ist in Lyon, will abends ins Kino gehen und wendet sich an einen Passanten auf der Straße:	a. »Pardon, Monsieur, je cherche **le** cinéma.« („Ich suche *das* Kino.") oder: b. »Pardon, Monsieur, je cherche **un** cinéma.« („Ich suche *ein* Kino.")	Die Antwort des Passanten wird bei a. anders ausfallen als bei b. Bei a. könnte er z. B. zurückfragen: „Welches Kino denn?", denn es gibt in einer großen Stadt ja viele Kinos. Bei b. könnte die Antwort etwa lauten: „Dort hinten ist eines." Das *„le"* in a. weist auf etwas Bestimmtes, Bekanntes oder auf bereits Erwähntes hin; das *„un"* in b. weist auf irgendeines unter mehreren (Kinos) hin.

Der Artikel gibt also eine Eigenschaft an; aber die Bedeutung des bestimmten Artikels *„le"* ist eine andere als die des unbestimmten Artikels *„un"*, wie wir in dem Beispiel gesehen haben. Es gibt im Französischen noch eine weitere Form des Artikels, den Teilungsartikel; wir werden sehen, daß auch der Teilungsartikel seine besondere Bedeutung hat.

1. Der bestimmte Artikel *(l'article défini)*

1.1. Formen des bestimmten Artikels

a. Singular

männlich *weiblich*

Où est **le** livre?	(Wo ist das Buch?)	Où est **la** clé?	(Wo ist der Schlüssel?)
Où est **l'**enfant?	(Wo ist das Kind?)	Où est **l'**école?	(Wo ist die Schule?)
Où est **l'**homme?	(Wo ist der Mann?)	Où est **l'**huile?	(Wo ist das Öl?)
le programme **du** week-end	(das Wochenendprogramm)	le programme **de la** semaine	(das Programm der Woche)
l'adresse **de l'**hôtel	(die Adresse des Hotels)	la date **de l'**excursion	(das Datum des Ausflugs)
Il va **au** bureau.	(Er geht ins Büro.)	Il va **à la** station-service.	(Er geht zur Tankstelle.)
Il va **à l'**hôtel.	(Er geht zum Hotel.)	Il va **à l'**église.	(Er geht zur Kirche.)

> Der bestimmte Artikel heißt männlich *le* und weiblich *la*; *l'* steht vor männlichen und weiblichen Substantiven, die mit Vokal (*enfant, école, excursion*) oder stummem *h* (*homme, huile, hôtel*) beginnen.
> Wenn »*de*« (dt. von) vor den Artikel tritt, vereinigt *du* die Funktionen von *de + le*; *au* vereinigt die Funktionen von *à + le*.

b. Plural

männlich *weiblich*

Où sont **les** livres?	(Wo sind die Bücher?)	Où sont **les** clés?	(Wo sind die Schlüssel?)
Où sont **les** enfants?	(Wo sind die Kinder?)	Où sont **les** enveloppes?	(Wo sind die Umschläge?)
Où sont **les** hommes?	(Wo sind die Männer?)		
le prix **des** disques	(der Preis der Schallplatten)	le prix **des** cigarettes	(der Preis der Zigaretten)
la situation **des** employés	(die Situation der Angestellten)	la structure **des** universités	(die Struktur der Universitäten)

Der Artikel

(Pluralformen)

Il téléphone **aux** parents.	(Er telefoniert mit den Eltern.)	Il téléphone **aux** secrétaires.	(Er telefoniert mit den Sekretärinnen.)
Il téléphone **aux** enfants.	(Er telefoniert mit den Kindern.)	Il téléphone **aux** employées.	(Er telefoniert mit den Angestellten.)

Der bestimmte Artikel im Plural heißt im Schriftbild *les*; im Hörbild lautet er [le] vor Konsonant (z. B. in *les livres*), [lez] vor Vokal (*les enfants*) und vor stummem *h* (*les hommes*).

Wenn «*de*» (dt. von) vor den Artikel tritt, vereinigt *des* die Funktionen von *de* + *les*; *aux* vereinigt die Funktionen von *à* + *les*.

1.2. Gebrauch des bestimmten Artikels

1.2.1. Strukturen mit bestimmtem Artikel

Der Gebrauch des Artikels weicht vom Deutschen u. a. in folgenden wichtigen Strukturen ab:

a. | **avoir**
+ Substantiv
+ Adjektiv | Elle a **les** yeux gris.
Elle a **la** tête lourde. | (Sie hat graue Augen.)
(Sie hat einen schweren Kopf.) |

b. | **Wendungen mit Verben** | avoir **le** téléphone:
avoir **le** temps (de):

apprendre **le** français:
sentir qc.: | (Telefon haben)
(Zeit haben)

(Französisch lernen)
(nach etw. riechen) | Tu n'as pas **le** téléphone?
Tu n'as jamais **le** temps d'aller au théâtre.
Il apprend **le** français.
Ça sent **le** poisson. |

c.	**Datumsangabe** S. Datum, S. 54.	Caen, **le** 11 août 1960	(Caen, [den] 11. August 1960)
d.	**Ländernamen** s. S. 30.	Tu connais **la** France?	(Kennst Du Frankreich?)
e.	**Titel** **Aber:**	**Le** docteur Michelet **Le** professeur Durand »Monsieur **le** professeur« »Oui, Docteur«	(Dr. Michelet) (Prof. Durand) (Herr Professor) (Ja, Herr Doktor)
f.	**Zur Bezeichnung von Gattung, Stoffen usw.**	Elle n'aime pas **les** chiens. **Le** lait est bon pour la santé. Vous aimez **la** bière?	(Sie mag Hunde nicht.) (Milch ist gesund.) (Mögen Sie Bier?)
g.	**Adverbiale Bestimmungen der Zeit** (s. S. 213)	**le** mercredi **l'**après-midi	(mittwochs) (nachmittags)

1.2.2. Einige wichtige Strukturen ohne Artikel (weitgehend wie im Deutschen)

a.	**être + Berufs-, Nationalitätenangaben u. ä.** **aber:**	Il est employé de banque. Elle est Française. Il est médecin. C'est **une** Française?	(Er ist Bankangestellter.) (Sie ist Französin.) (Er ist Arzt.) (Ist das eine Französin?)

Der Artikel 13

b.	weitere Verbindungen von Verben + Substantiven	avoir besoin:	(nötig haben, brauchen)	Il a besoin de médicaments.
		avoir faim:	(Hunger haben)	Je n'ai pas faim.
		avoir soif:	(Durst haben)	Vous avez soif?
		avoir chaud:	(mir ist warm)	J'ai chaud.
		faire plaisir:	(jmdn. freuen)	Une tasse de café me ferait plaisir.
		faire attention:	(aufpassen)	Les enfants doivent faire attention dans la rue.
		avoir envie:	(Lust haben)	Je n'ai pas envie d'y aller.
		■ avoir peur:	(Angst haben)	Comment, tu as peur? ■
		avoir confiance:	(Vertrauen haben)	Les gens n'ont pas confiance en l'Etat.
		perdre connaissance:	(das Bewußtsein verlieren)	Il a perdu connaissance.
		☐ faire cadeau:	(schenken)	Il lui en avait fait cadeau. ☐

Siehe auch: **Adverbiale Bestimmungen der Zeit ohne Präpositionen** (S. 213).

2. Der unbestimmte Artikel *(l'article indéfini)* und der Teilungsartikel *(l'article partitif)*

2.1. Formen des unbestimmten Artikels und des Teilungsartikels

a. Der unbestimmte Artikel

	Singular	*Plural*	
männlich	C'est **un** train.	Ce sont **des** trains.	(Das ist ein Zug. / Das sind Züge.)
	C'est **un** avion.	Ce sont **des** avions.	(Das ist ein Flugzeug. / Das sind Flugzeuge.)
weiblich	C'est **une** serviette.	Ce sont **des** serviettes.	(Das ist ein Handtuch. / Das sind Handtücher.)
	C'est **une** assiette.	Ce sont **des** assiettes.	(Das ist ein Teller. / Das sind Teller.)

b. Der Teilungsartikel

	Singular		*Plural*[1])	
männlich	C'est **du** thé.		–	(Das ist Tee.)
	C'est **de l'**argent français.		–	(Das ist französisches Geld.)
weiblich	C'est **de la** bière.		–	(Das ist Bier.)
	C'est **de l'**eau.		–	(Das ist Wasser.)

[1]) Beim Teilungsartikel gibt es keine Pluralform.

2.2. Gebrauch von unbestimmtem Artikel und Teilungsartikel

> Der **unbestimmte Artikel** steht bei Zählbarem. Im Deutschen steht im Singular *ein, eine* usw., im Plural steht im Deutschen kein Begleiter des Substantivs: *Flugzeuge; Teller.*

> Der **Teilungsartikel** steht bei *nicht zählbaren Mengen,* die Menge wird nicht angegeben. Im Deutschen steht kein Begleiter: *Wasser, Geld.*

Sowohl unbestimmter Artikel wie Teilungsartikel sind Begleiter des Substantivs. Beide verweisen nicht – im Gegensatz also zum bestimmten Artikel – auf vorher Gesagtes oder auf Bestimmtes und Bekanntes.

a. | **Merke** folgende Ausdrücke mit dem Teilungsartikel: | Il fait **du** camping. | (Er zeltet.) |
|---|---|---|
| | Il fait **du** sport. | (Er treibt Sport.) |
| | Il fait **de la** musique. | (Er musiziert.) |
| | ◼ Elle fait **du** ski. | (Sie läuft Ski.) ◻ |

b.	nach **sans**: kein Teilungsartikel und kein unbestimmter Artikel:	du whisky *sans* eau	(ohne Wasser)
		du café noir, *sans* sucre	(ohne Zucker)
	Aber nach **avec**:	du whisky avec **de l'**eau	(mit Wasser)
		Il est venu avec **des** amis.	(mit Freunden)

> **Bei** *sans* steht (im Gegensatz zu *avec*) kein Teilungsartikel und kein unbestimmter Artikel im Plural.

c. Unbestimmter Artikel vor Adjektiv + Substantiv im Plural

1. Alltagssprache	Il a acheté **du** bon vin.	(Er hat guten Wein gekauft.)
	Il a acheté **des** jolies cartes postales.	(Er hat hübsche Postkarten gekauft.)

Die oben genannten Regeln zur Form des unbestimmten Artikels und des Teilungsartikels gelten in der Sprache des Alltags auch dann, wenn dem Substantiv ein Adjektiv vorangeht (vgl. 2.1. a + b).

2. ■ „gehobene Sprache"	Le soleil disparaît derrière **de** lourds nuages.	(Die Sonne verschwindet hinter schweren Wolken.) ◻

In „gehobener" Sprache steht vor Adjektiv + Substantiv im Plural meist nur *de*.

3. Adjektiv und Substantiv als Einheit	**des** jeunes filles	(junge Mädchen)
	des petits pains	(Brötchen)

In Ausdrücken dieser Art werden Adjektiv + Substantiv als eine Einheit angesehen und wie ein Substantiv behandelt.

d.	**Bei Abhängigkeit von** *de/d'*: kein Teilungsartikel (1) und kein unbestimmter Artikel im Plural (2).	1. Il a besoin **de** courage. Il a besoin **d'**argent. 2. Il a besoin **de** médicaments. Il parle **d'**étudiants.	(Er braucht Mut.) (Er braucht Geld.) (Er braucht Medikamente.) (Er spricht von Studenten.)

Unterscheide:

unbestimmter Artikel:	Il parle **d'**étudiants.	(Er spricht von Studenten.)
bestimmter Artikel:	Il parle *des* étudiants.	(Er spricht von den Studenten.)

e.	**1. Bei Angabe von Menge/Anzahl steht meist** *de* **bzw.** *d'* **(kein Teilungsartikel und kein unbestimmter Artikel)**	*Singular:* Il demande un peu **de** thé. Il demande un peu **d'**alcool. Il demande un peu **de** soupe. Il demande un peu **d'**eau minérale. *Plural:* Il achète beaucoup **de** bonbons. Il achète beaucoup **d'**œufs. Il achète beaucoup **de** pommes. Il achète beaucoup **d'**oranges.	(Er bittet um etwas Tee.) (Er bittet um ein wenig Alkohol.) (Er bittet um ein wenig Suppe.) (Er bittet um ein wenig Mineralwasser.) (Er kauft viele Bonbons.) (Er kauft viele Eier.) (Er kauft viele Äpfel.) (Er kauft viele Apfelsinen.)

Wird die Menge/Anzahl durch ein Substantiv bzw. ein Adverb angegeben, dann steht i. a. nur *de* (bzw. *d'* vor Vokal und stummem *h*):

Mengenangaben sind:

un verre de vin	(ein Glas Wein)	*beaucoup de* fleurs	(viele Blumen)	Il *ne* veut *pas de* vin.	(Er will keinen Wein.)
*un kilo d'*oranges	(ein Kilo Apfelsinen)	*(un) peu d'*alcool	([ein] wenig Alkohol)	Il *ne* veut *plus de* vin.	(Er will keinen Wein mehr.)
un morceau de pain	(ein Stück Brot)	*assez de* parfum	(genug Parfüm)		
une tasse de café	(eine Tasse Kaffee)	*trop de* bière	(zuviel Bier)		

Mengenangaben

- **une centaine de** (etwa hundert lettres Briefe)
- **une douzaine d'œufs** (ein Dutzend Eier)
- **moins de** vacances (weniger Ferien)
- **combien d'**enfants? (wie viele Kinder?)
- **tant de** chocolat (so viel Schokolade)
- **autant de** bonbons (ebensoviele Bonbons)

2. Aber: Mit dem bestimmten Artikel: la plupart de/ bien de		
La plupart du temps.	(die meiste Zeit)	
La plupart des gens ne sont pas venus.	(die meisten Leute ...)	
Dans **la plupart des** cas ...	(in den meisten Fällen ...)	
Il fait **bien des** excursions.	(Er macht sehr viele Ausflüge.)	
Bien des gens sont venus.	(Sehr viele Leute sind gekommen.)	

Bei den Mengenangaben *bien de* und *la plupart de* steht das folgende Substantiv mit dem bestimmten Artikel.

3. Verwendung des Artikels bei *ne ... pas / ne ... plus*:

a. Strukturen mit ne ... pas / ne ... plus + bestimmter Artikel bzw. ohne jeden Artikel

Il **n'**aime **plus** les chiens. (Er mag keine Hunde mehr.)

Il **n'a pas** faim. (Er hat keinen Hunger.)
Les enfants **ne** font **pas** attention. (Die Kinder passen nicht auf.)

Der Artikelgebrauch in den Strukturen, die auf S. 12–18 aufgeführt sind, bleibt unverändert, auch wenn *ne ... pas / ne ... plus* hinzutreten.

b. ce n'est pas / plus + Teilungsartikel

Ce n'est pas **du** rosé, mais du rouge. (Das ist kein Rosé, sondern Rotwein.)
Ce n'est plus **de l'**eau, mais **de la** glace. (Das ist kein Wasser mehr, sondern Eis.)

Bei *ce n'est pas (plus) / ce ne sont pas (plus)* folgt *de* + bestimmter Artikel.

Das Substantiv / das Hauptwort (le nom)

Bedeutung des Substantivs

Welche sprachliche Handlung kann mit Hilfe des Substantivs vollzogen werden?

Situation	Äußerung	Bedeutung
Der Zollbeamte fragt den Reisenden, was das für eine Tasche sei.	»Un **appareil photo**.« (Das ist ein Photoapparat.)	Das Substantiv „un appareil photo" dient dazu, einen Gegenstand zu benennen.
Gisela fragt, wer am Telefon ist.	»Ton **ami Pierre**.« (Dein Freund Pierre.)	Das Substantiv dient dazu, eine Person zu benennen.
Der Junge im Flugzeug:	»J'ai **peur**.« (Ich habe Angst.)	ein Gefühl bezeichnen
Der Lehrer in der Klasse:	»**Silence**, s'il vous plaît.« (Ruhe bitte!)	Aufforderung
Im Café:	»**Garçon!**« (Ober!)	jmdn. herbeirufen
Vater und Kinder:	»Alors, les **enfants**.« (Na, Kinder.)	jmdn. tadeln / anreden / ermuntern

Entsprechend der jeweiligen Bedeutung im Kontext haben Substantive i. a. *„Begleiter"* bei sich, z. B.:

a.	**einen Artikel**	**le** livre (das Buch) **l'**ami (der Freund)	**la** chaise (der Stuhl) **la** photo (das Photo) **l'**amie (die Freundin)	**les** enfants (die Kinder)
b.	**ein Possessivpronomen**	**mon** ami (mein Freund)	**ma** femme (meine Frau)	**mes** enfants (meine Kinder)
c.	**ein Demonstrativpronomen**	**ce** disque (diese Schallplatte)	**cette** table (dieser Tisch)	**ces** prix (diese Preise)
d.	**ein Zahlwort** (s. S. 48)			**trois** garçons (drei Jungen) **mille** francs (tausend Franken)

1. Das Genus / das Geschlecht *(le genre)* der Substantive

Die Begleiter zeigen oft, welches Geschlecht ein Substantiv hat:

a. **le** frère	(der Bruder)	**b.** **la** sœur	(die Schwester)
son frère	(sein Bruder)	**sa** sœur	(seine Schwester)
■ **le** secrétaire	(der Sekretär)	**la** secrétaire	(die Sekretärin) ☐
aber: son ami	(sein Freund)	**son** amie	(seine Freundin)

> Substantive sind im Französischen entweder maskulin (a) oder feminin (b).

Das Substantiv

1.1. Regeln zur Genus-Bildung

> Es lassen sich nur wenige Regeln über das Genus der französischen Substantive nennen.

a. Männlich sind u. a. Substantive auf:

-age:
aber:
- **le** from*age* (der Käse)
- **le** mén*age* (der Haushalt)
- *la plage* (der Strand)
- **le** pass*age* (die Durchfahrt)
- **le** personn*age* (die Person)
- *la page* (die Seite)

-al:
- **le** chev*al* (das Pferd)
- **le** journ*al* (die Zeitung)

-(e)au:
- **le** bur*eau* (das Büro)
- **le** chât*eau* (das Schloß)
- **le** tabl*eau* (das Bild)

-ent:
- **le** gouvernem*ent* (die Regierung)
- **le** mom*ent* (der Augenblick)
- l'arg*ent* (das Geld)
- l'événem*ent* (das Ereignis)
- l'enseignem*ent* (der Unterricht)

-et:
- **le** paqu*et* (das Paket)
- **le** bill*et* (die Fahrkarte)
- **le** briqu*et* (das Feuerzeug)
- **le** suj*et* (das Subjekt)

-il:	l'œ*il* (das Auge) le trava*il* (die Arbeit)	■ le déta*il* (die Einzelheit) ■

-isme:	le tour*isme* (der Reiseverkehr)	■ le commun*isme* (der Kommunismus) ■ l'human*isme* (der Humanismus)

b. Weiblich sind u. a. Substantive auf:

-e:	la grèv*e* (der Streik) la jamb*e* (das Bein)	la gloir*e* (der Ruhm) la lun*e* (der Mond) la maladi*e* (die Krankheit)	la joi*e* (die Freude) la promenad*e* (der Spaziergang)
aber:	le lycé*e* (das Gymnasium) le musé*e* (das Museum)	le gendarm*e* (der Polizist) le beurr*e* (die Butter)	le princip*e* (der Grundsatz)

-ion:	l'importat*ion* (der Import)	l'occas*ion* (die Gelegenheit) la générat*ion* (die Generation)	la composit*ion* (der Aufsatz) l'invitat*ion* (die Einladung)
aber:	le mill*ion* (die Million)		

-té, -tié:	l'ami*tié* (die Freundschaft)	la véri*té* (die Wahrheit) la nationali*té* (die Nationalität) □	□ la beau*té* (die Schönheit) □

22 **Das Substantiv**

1.2. Funktion des Genus

Das Genus unterscheidet gelegentlich:

a. | Wörter gleicher Schreibung und gleicher Lautung, z. B.:

■ **le** tour	(die Tour)	**la** tour	(der Turm) ■
le livre	(das Buch)	**la** livre	(das Pfund)
☐ **le** poste	(der Posten)	**la** poste	(die Post) ☐

b. | Wörter ähnlicher Schreibung und gleicher Lautung, z. B.:

| ■ **le** cours | (der Kurs) | **la** cour | (der Hof) ☐ |
| ▨ **le** foie | (die Leber) ■ | **une** fois | (ein Mal) |

1.3. Besondere Schwierigkeiten

Das Genus der französischen Substantive entspricht oft nicht dem Genus, das man vom Deutschen her erwarten könnte:

le courage	(der Mut, die Courage)	**la** bière	(das Bier)
l'étage m.	(die Etage)	**la** clé	(der Schlüssel)
le garage	(die Garage, Werkstatt)	**la** cuiller	(der Löffel)
le métro	(die Metro)	**la** dent	(der Zahn)
le million	(die Million)	**la** monnaie	(das Geld)
le monde	(die Welt)	**la** photo	(das Photo)

Das Substantiv

(Besondere Schwierigkeiten)

le numéro	(die Nummer)	la place	(der Platz)
le parti	(die Partei)	la plage	(der Strand)
le soleil	(die Sonne)	la radio	(das Radio)
le voyage	(die Reise)	la salade	(der Salat)
		la salle	(der Saal)
■ l'art m.	(die Kunst)	l'auto f.	(das Auto) ■
le beurre	(die Butter)	la chanson	(das Chanson)
le banc	(die [Sitz-]Bank)	la danse	(der Tanz)
le chiffre	(die Ziffer)	la date	(das Datum)
le chocolat	(die Schokolade)	la douzaine	(das Dutzend)
le contrôle	(die Kontrolle)	la pierre	(der Stein)
le côté	(die Seite)		
le groupe	(die Gruppe)		
l'opéra m.	(die Oper)		
le passage	(die Durchfahrt)		
□ le rôle	(die Rolle)		□
■ le cigare	(die Zigarre)	la barbe	(der Bart) ■
le foie	(die Leber)	la cellophane	(das Zellophan)
		l'étiquette f.	(das Etikett)
		la liqueur	(der Likör)
		la pédale	(das Pedal)
		la prison	(das Gefängnis)
■		la victime	(das Opfer) ■

24 **Das Substantiv**

2. Der Singular – der Plural / Einzahl – Mehrzahl (le singulier – le pluriel)

2.1. Allgemeines zur Pluralbildung

Wir unterscheiden beim Substantiv:

– **Singular,** z. B.	**le** livre (das Buch)	**l'**ami (der Freund)	
		l'amie (die Freundin)	**mon** amie (meine Freundin)
– **Plural,** z. B.	**les** livres (die Bücher)	**les** amis (die Freunde)	
		les amies (die Freundinnen)	**mes** amies (meine Freundinnen)

Singular und Plural unterscheiden sich voneinander in verschiedener Weise, je nachdem, ob wir das Hörbild oder das Schriftbild betrachten:

a. **Hörbild:**   [ləlivr] – [lelivr]   (das Buch – die Bücher)
   [mõnami] – [mezami]   (mein Freund – meine Freunde)

Im Hörbild wird meist nur der Begleiter verändert (denn das angehängte -s im Schriftbild der Substantive wird nicht ausgesprochen).
Eine andere Form hat auch das Substantiv z. B. bei folgendem Wort:

le journ*al* (die Zeitung) – les journ*aux*

b. **Schriftbild**   **le** livre – **les** livres   (das Buch – die Bücher)
   mon ami – **mes** amis   (mein Freund – meine Freunde)

Im Schriftbild wird der Plural gekennzeichnet durch
– Veränderung des Substantivs (meist wird ein -s angehängt)
– Veränderung des Begleiters (Artikel, Possessivpronomen usw.)

2.2. Im folgenden werden Besonderheiten der Pluralbildung aufgeführt:

2.2.1. In Hörbild **und** Schriftbild sind folgende Besonderheiten zu merken:

a.	**Merke besonders** folgende Veränderungen in Hörbild **und** Schriftbild:	l'anim**al**	(Tier)	le**s** anim**aux**
		le chev**al**	(Pferd)	les chev**aux**
		le journ**al**	(Zeitung)	les journ**aux**
		le **mon**sieur [ləməsjø]	(Herr)	les **mes**sieurs [lemesjø]
		l'**œil** [lœj]	(Auge)	le**s yeux** [lezjø]
		l'**œuf** [lœf]	(Ei)	le**s œufs**
		le trav**ail**	(Arbeit)	les trav**aux**
		Monsieur	(mein Herr)	**Mes**sieurs
		Madame	(meine Dame)	**Mes**dames
		Mademoiselle	(mein Fräulein)	**Mes**demoiselle**s**

b. Die Substantive bleiben in folgenden Fällen **unverändert**:

1. **Substantive auf** **-s** oder **-x**	■ le bras	(Arm)	les bras ■
	□ le cas	(Fall)	les cas □
	le prix	(Preis)	les prix
	la voix	(Stimme)	les voix

Bei Substantiven, die im Singular auf -*s* oder -*x* enden, tritt im Plural keine Veränderung ein.

2. Familiennamen	Monsieur Cheval	(Herr Cheval)	les Cheval (die Chevals,
	Madame Cheval	(Frau Cheval)	die Familie Cheval)

Bei Familiennamen tritt i. a. keine Veränderung ein.

2.2.2. Besonderheiten der Pluralbildung im **Schriftbild** der Substantive:

a. Pluralbildung auf -x

1.	-eau	le bur**eau**	(Büro)	les bur**eaux**
		le chât**eau**	(Schloß)	les chât**eaux**
		le gât**eau**	(Kuchen)	les gât**eaux**
2.	-eu	■ le chev**eu**	(Haar)	les chev**eux** ■
		le f**eu** rouge	(Ampel)	les f**eux** rouges
		le j**eu**	(Spiel)	les j**eux**
aber:		le *pneu*	(Reifen)	les *pneus*
3.	-ou	le gen**ou**	(Knie)	les gen**oux**
aber:		□ le *trou*	(Loch)	les *trous* □

Bei diesen Substantiven auf (1) *-eau*, (2) *-eu* und (3) *-ou* wird der Plural im Schriftbild durch *-x* gekennzeichnet; gesprochen wird das *-x* nicht.

b. Bei zusammengesetzten Substantiven können allgemeine Regeln nicht gegeben werden.

1. es wird kein Element verändert	l'après-midi	(Nachmittag)	les après-midi
	le hors-d'œuvre	(Vorspeise)	les hors-d'œuvre
	■ le porte-monnaie	(Portemonnaie)	les porte-monnaie □

2. nur ein Element wird verändert	la station-service	(Tankstelle)	les stations-service
	le timbre-poste	(Briefmarke)	les timbres-poste
	la pomme de terre	(Kartoffel)	les pommes de terre
	■ la grand-mère	(Großmutter)	les grand-mères ■
	la chambre à coucher	(Schlafzimmer)	les chambres à coucher
	☐ le poste de radio	(Rundfunkgerät)	les postes de radio ☐
	◨ la demi-journée	(Halbtag)	les demi-journées ◨
	le haut-parleur	(Lautsprecher)	les haut-parleurs
	le tourne-disque	(Plattenspieler)	les tourne-disques
	◧ le stylo à bille	(Kugelschreiber)	les stylos à bille ◧
3. ◧ beide Elemente werden verändert ◨	le grand-père	(Großvater)	les grands-pères ◧
	la machine-outil	(Werkzeugmaschine)	les machines-outils [maʃinzuti]
	le wagon-lit	(Schlafwagen)	les wagons-lits
	le wagon-restaurant	(Speisewagen)	les wagons-restaurants ◨

3. Ergänzungen zum Substantiv

a. **Substantiv** **+ de** **+ Substantiv**	un bureau **de** tabac	(ein Tabakladen)	
	le bureau **de mon** frère	(das Büro meines Bruders)	
	au bord **de la** mer	(an der Küste, an der See)	
	la maison **de** campagne	(das Landhaus)	
	la salle **de** bains	(das Badezimmer)	
	un verre **de** vin	(ein Glas Wein)	

■ une boîte **d'**allumettes   (eine Schachtel Streichhölzer) ■
☐ au bout **de la** rue   (am Ende der Straße) ☐

Ein Substantiv wird meist durch ein *de* an ein vorangehendes Substantiv angeschlossen.

b. Mit *à* wird angeschlossen z. B.:

■ **Substantiv**
☐ + **à** + **Substantiv**

une boîte **aux** lettres   (ein Briefkasten) ■
un verre **à** vin   (ein Weinglas) ☐

c. **Substantiv + de + Infinitiv**

Qui avait l'idée **d'**y aller?   (Wer hatte die Idee, dahin zu gehen?)
Il avait l'intention **de** passer par Lyon.   (Er beabsichtigte, über Lyon zu fahren.)

Der Infinitiv wird meist mit *de* an ein vorangehendes Substantiv angeschlossen.

d. *à* findet sich z. B. in:

Substantiv + à + Infinitiv

la salle **à** manger   (das Eßzimmer)
une chambre **à** coucher   (ein Schlafzimmer)

4. Ländernamen

4.1. Artikel bei Ländernamen

le Maroc	(Marokko)
la France	(Frankreich)
la Hollande	(Holland)
la Suisse	(die Schweiz)
les Etats-Unis	(die Vereinigten Staaten)

> Ländernamen haben im Französischen einen Artikel (im Deutschen dagegen nur in wenigen Fällen). (Zum Gebrauch des Artikels siehe unten S. 32.) Aber: Israël

4.2. Geschlecht der Ländernamen

a. **le** Japon (Japan)   **b.** **la** France (Frankreich)
    le Danemark (Dänemark)   **l'**Allemagne (Deutschland)
    les Etats-Unis (die Vereinigten Staaten)   **l'**Europe (Europa)

> Die Ländernamen sind im Französischen teils männlich (a), teils weiblich (b). Weiblich sind die Ländernamen auf **-e** außer **le Mexique** (Mexiko).

4.3. Gebrauch der Präposition bei Ländernamen

a. | **wo?** / **wohin?**

Il est **en** France.	(Er ist in Frankreich.)
Il est **au** Japon.	(Er ist in Japan.)
Il est **aux** Etats-Unis	(Er ist in die Vereinigten Staaten.)
Il va **en** France.	(Er fährt nach Frankreich.)
Il va **au** Japon.	(Er fährt nach Japan.)
Il va **aux** Etats-Unis	(Er fährt in die Vereinigten Staaten.)

Auf die Fragen „Wo?" und „Wohin?" steht
– bei männlichen Ländernamen *à* mit Artikel (*au* hat die Funktionen von *à + le, aux* die von *à + les*),
– bei weiblichen Ländernamen *en*.

b. | **woher?**

Il rentre **du** Japon.	(Er kehrt aus Japan zurück.)
Il rentre **de** France.	(Er kehrt aus Frankreich zurück.)

Auf die Frage „Woher?" steht
– bei männlichen Ländernamen *de* mit Artikel (*du* hat die Funktionen von *de + le, des* die von *de + les*),
– bei weiblichen Ländernamen *de* (ohne Artikel).

4.4. Ländernamen

	Il connaît	Il est/il va	Il rentre	Je connais un/une	un village/ une ville
a. weiblich					
(Afrika)	l'Afrique	en Afrique	d'Afrique	Africain/e	africain/e
(Algerien)	l'Algérie	en Algérie	d'Algérie	Algérien/ne	algérien/ne
(Deutschland)	l'Allemagne	en Allemagne	d'Allemagne	Allemand/e	allemand/e
(Elsaß)	l'Alsace	en Alsace	d'Alsace	Alsacien/ne	alsacien/ne
(Amerika)	l'Amérique	en Amérique	d'Amérique	Américain/e	américain/e
(England)	l'Angleterre	en Angleterre	d'Angleterre	Anglais/e	anglais/e
(Asien)	l'Asie	en Asie	d'Asie	Asiatique	asiatique
(Österreich)	l'Autriche	en Autriche	d'Autriche	Autrichien/ne	autrichien/ne
(Belgien)	la Belgique	en Belgique	de Belgique	Belge	belge
(China)	la Chine	en Chine	de Chine	Chinois/e	chinois/e
(Korsika)	la Corse	en Corse	de Corse	Corse	corse
(Schottland)	l'Ecosse	en Ecosse	d'Ecosse	Ecossais/e	écossais/e
(Spanien)	l'Espagne	en Espagne	d'Espagne	Espagnol/e	espagnol/e
(Europa)	l'Europe	en Europe	d'Europe	Européen/ne	européen/ne
(Finnland)	la Finlande	en Finlande	de Finlande	Finlandais/e	finlandais/e
(Frankreich)	la France	en France	de France	Français/e	français/e
(Griechenland)	la Grèce	en Grèce	de Grèce	Grec/Grecque	grec/grecque
(Holland)	la Hollande	en Hollande	de Hollande	Hollandais/e	hollandais/e
(Ungarn)	la Hongrie	en Hongrie	de Hongrie	Hongrois/e	hongrois/e
(Italien)	l'Italie	en Italie	d'Italie	Italien/ne	italien/ne
(Lothringen)	la Lorraine	en Lorraine	de Lorraine	Lorrain/e	lorrain/e

(weiblich)

(Norwegen)	la Norvège	en Norvège	de Norvège	Norvégien/ne	norvégien/ne
(Polen)	la Pologne	en Pologne	de Pologne	Polonais/e	polonais/e
(Rumänien)	la Roumanie	en Roumanie	de Roumanie	Roumain/e	roumain/e
(Rußland)	la Russie	en Russie	de Russie	Russe	russe
(Schweden)	la Suède	en Suède	de Suède	Suédois/e	suédois/e
(Schweiz)	la Suisse	en Suisse	de Suisse	Suisse/sse	suisse
(Tschechoslowakei)	la Tchécoslovaquie	en Tchécoslovaquie	de Tchécoslovaquie	Tchécoslovaque	tchécoslovaque
(Tunesien)	la Tunisie	en Tunisie	de Tunisie	Tunisien/ne	tunisien/ne
(Türkei)	la Turquie	en Turquie	de Turquie	Turc/Turque	turc/turque
(UdSSR)	l'U.R.S.S.	en U.R.S.S.			
(Jugoslawien)	la Yougoslavie	en Yougoslavie	de Yougoslavie	Yougoslave	yougoslave

b. männlich

(Brasilien)	le Brésil	au Brésil	du Brésil	Brésilien/ne	brésilien/ne
(Chile)	le Chili	au Chili	du Chili	Chilien/ne	chilien/ne
(Kanada)	le Canada	au Canada	du Canada	Canadien/ne	canadien/ne
(Dänemark)	le Danemark	au Danemark	du Danemark	Danois/e	danois/e
(Japan)	le Japon	au Japon	du Japon	Japonais/e	japonais/e
(Luxemburg)	le Luxembourg	au Luxembourg	du Luxembourg	Luxembourgeois/e	luxembourgeois/e
(Marokko)	le Maroc	au Maroc	du Maroc	Marocain/e	marocain/e
(Mexiko)	le Mexique	au Mexique	du Mexique	Mexicain/e	mexicain/e
(Portugal)	le Portugal	au Portugal	du Portugal	Portugais/e	portugais/e
(die Vereinigten Staaten)	les Etats-Unis	aux Etats-Unis	des Etats-Unis		
(die Niederlande)	les Pays-Bas	aux Pays-Bas	des Pays-Bas		

5. Großschreibung der Substantive

Mit großen Anfangsbuchstaben werden – auch innerhalb des Satzes – geschrieben:

a. **Personennamen** — Marcel, Pierre, les Cheval

b. **geographische Namen** — Paris, la Seine, la Suisse, les Etats-Unis

c. **Völkernamen** — les Français
   aber: les fromages *français:* die entsprechenden Adjektive werden klein geschrieben

d. **Straßennamen etc.** — rue de l'Université, place de la Concorde

e. **Namen von Denkmälern u. ä.** — le Panthéon, la Sorbonne, l'Eglise catholique

f. **Namen von Festen** — Noël, Pâques

g. **feste Begriffe** — Dieu (Gott), l'Etat (der Staat), la Révolution de 1789

h. **Titel von Büchern usw.** — Histoire de France

Die Großschreibung dient oft (z. B. im journalistischen Stil) der Hervorhebung von Substantiven.

Merke: Auf Großbuchstaben steht i. a. *kein Akzent;* also l'état (der Zustand), l'Etat (der Staat)

Das Adjektiv/das Eigenschaftswort (l'adjectif)

Gebrauch und Bedeutung des Adjektivs

Welche sprachliche Handlung kann mit Hilfe des Adjektivs vollzogen werden?

Situation	Äußerung	Bedeutung
Jean fragt, was Pierre von Gisèle hält:	»C'est une très **jolie** fille.« (Das ist ein sehr hübsches Mädchen.)	eine Eigenschaft angeben und damit seine Bewunderung äußern
Janine erkundigt sich, warum M. Dubois nicht kommt. Pierre:	»Il doit être **malade**.« (Er muß krank sein.)	einen Zustand angeben und damit eine Begründung geben
Jean und Gisèle treffen sich nach langer Zeit wieder. Jean:	»Je suis très **heureux**.« (Ich bin sehr glücklich.)	einen Zustand angeben und damit Freude zum Ausdruck bringen
Ob Peter morgen kommt? Gisela:	»Ce n'est pas très **sûr**.« (Das steht noch nicht ganz fest.)	die Wahrscheinlichkeit einschätzen und damit Zweifel/Unsicherheit ausdrücken
Das Wetter ist wirklich schlecht, stellt Gisela fest. Peter:	»C'est **vrai**.« (Das stimmt.)	den Wahrheitswert einschätzen und damit etwas bestätigen
Gisela fragt, ob sie noch zum Reisebüro gehen muß. Peter:	»C'est très **important**.« (Das ist sehr wichtig.)	die Notwendigkeit ausdrücken und damit eine Aufforderung zum Ausdruck bringen
Gisela fragt Peter, warum er Rotwein bestellt habe. Peter:	»Il est un peu plus cher, mais il est nettement **meilleur**.« (Er ist ein wenig teurer, aber er ist deutlich besser.)	die Qualität einschätzen und damit einen Vergleich zum Ausdruck bringen

1. Die Formen des Adjektivs

a. | **männlich** | un **petit** village (ein kleines Dorf)   le vin **italien** (der italienische Wein)
les **petits** villages (die kleinen Dörfer)   les vins **italiens** (die italienischen Weine)

b. | **weiblich** | une **petite** ville (eine kleine Stadt)   une **jolie** fille (ein hübsches Mädchen)
les **petites** villes (die kleinen Städte)   les **jolies** filles (die hübschen Mädchen)

Adjektive haben im Französischen eine männliche (a.) und eine weibliche Form (b.). Sie stehen entweder im Singular oder im Plural. Zur Stellung s. S. 42.

1.1. Gegenüberstellung von männlich – weiblich im Singular

1.1.1. Schriftbild

a. | **Konsonant →**
Konsonant + e | **le** petit village   (das kleine Dorf)
la petite ville   (die kleine Stadt)

Im geschriebenen Französisch bildet man die weibliche Form Singular meist durch Anhängen von *-e* an die männliche Form.

b. | Bei folgenden Adjektiven wird die weibliche Form ebenfalls durch Anhängen eines **-e** gebildet, außerdem aber durch eine weitere Veränderung angezeigt.

| **1. g → gue** | long   lon**gue**   (lang)

| Hier wird *-ue* angehängt.

2. x → se	heureux	heureuse	(glücklich)
x → ce	doux	douce	(sanft)
f → ve	neuf	neuve	(neu)

Das *-x* der männlichen Form wird durch *-se* bzw. *-ce* ersetzt. Das *-f* der männlichen Form wird durch *-ve* ersetzt.

3. n → nne	italien	italienne	(italienisch)
	bon	bonne	(gut)
s → sse	gras	grasse	(fett)
	bas	basse	(niedrig)
l → lle	pareil	pareille	(gleich)
	gentil	gentille	(freundlich)

Hier wird der Endkonsonant der männlichen Form verdoppelt.

4. er → ère	dernier [-nje]	dernière [njɛ:r]	(letzter)
	cher [ʃɛ:r]	chère [ʃɛ:r]	(lieb)
	◨ fier [fjɛ:r]	fière [fjɛ:r]	(stolz) ◨
iet → iète	inquiet [-kje]	inquiète [-kjɛt]	(besorgt)

Das *-e* vor dem Endkonsonanten erhält einen accent grave.

c. ■ Bei einigen Adjektiven gibt es im Singular zwei männliche Formen:

	männliche Form		weibliche Form	
zwei männliche Formen im Singular	*vor Konsonant*	*vor Vokal oder stummem h*		
	un **beau** livre	un **bel** enfant	une *belle* fleur	(schön)
	un **vieux** village	un **vieil** homme	une *vieille* ville	(alt)
	un **nouveau** roman	un **nouvel** horaire	une *nouvelle* voiture	(neu)
☐ **Ebenso:**	**fou**	**fol**	*folle*	(verrückt) ☐

d. **Gleiche Form männlich und weiblich**

	männliche Form		weibliche Form	
	triste	–	*triste*	(traurig)
■ **Ebenso:**	**marron**	–	*marron*	(braun)
	chic	–	*chic*	(schick) ☐

Adjektive, die in der männlichen Form auf *-e* enden, bleiben im Singular unverändert: *triste* (m.) / *triste* (f.). Das Gleiche gilt für *marron* und *chic: un homme chic / une femme chic*. Plural: + *-s* (*des hommes chics, des femmes chics*).

1.1.2. Hörbild

Im Hörbild zeigt sich der Unterschied zwischen der männlichen und der weiblichen Form (Singular) in ganz anderer Weise, z. B. [ørø] (heureux) → [ørø:z] (heureuse). Einige wichtige Grundregeln:

Schriftbild ←		männlich Form 1	Form 2	weiblich	→ Hörbild
unverändert	(traurig)	triste	–	∼	ebenfalls unverändert
	(braun)	marron	–	∼	
2 verschiedene Formen	(blau)	bleu	–	∼e	unverändert, also **eine** Form für männlich und weiblich, z. B. [blø]
	(schwarz)	noir	–	∼e	
	(rein)	pur	–	∼e	
	(besser)	meilleur	–	∼e	
	(lieb)	cher	–	**chère**	
	(stolz)	fier	–	**fière**	
2 verschiedene Formen	(klein)	petit	–	∼e	ebenfalls 2 verschiedene Formen, z. B. [pti], [ptit]
	(glücklich)	heureux	–	**heureuse**	
	(lang)	long	–	**longue**	
	(italienisch)	italien	–	**italienne**	
	(letzter)	dernier	–	**dernière**	
3 verschiedene Formen	(neu)	nouveau	**nouvel**	nouve**ll**e	nur 2 verschiedene Formen, z. B. [nuvo], [nuvɛl]
	(schön)	beau	**bel**	be**ll**e	
	(alt)	vieux	**vieil**	viei**ll**e	
	(verrückt)	fou	**fol**	fo**ll**e	

Anmerkung: Die eventuelle Aussprache von Endkonsonanten vor Vokal oder stummem *h (liaison)* wird in dieser Aufstellung nicht berücksichtigt, z. B. *un petit enfant, des petits enfants*.

Das Adjektiv

1.2. Gegenüberstellung von Singular und Plural

a. | **Anhängen eines -s an den Singular** |

männlich
le petit garçon (der kleine Junge)
les petits garçons (die kleinen Jungen)

weiblich
la grande voiture (der große Wagen)
les grandes voitures (die großen Wagen)

Der Plural im geschriebenen Französisch wird durch Anhängen eines -s an den Singular gebildet.

b. | **keine Veränderung im Plural, wenn der Singular auf -s oder -x endet** |

un enfant heureux (ein glückliches Kind)
des enfants heureux (glückliche Kinder)

aber:
une femme heureuse (eine glückl. Frau)
des femmes heureuses (glückliche Frauen)

Der Plural im geschriebenen Französisch zeigt keine Veränderung, wenn der Singular auf -s oder -x endet (z. B. *heureux, bas, épais, vieux, français, doux*).

c. | **-al im Singular → -aux im Plural** |

un problème social (ein soziales Problem)
des problèmes sociaux (soziale Probleme)

aber:
une question sociale (eine soziale Frage)
des questions sociales (soziale Fragen)

> Der Plural im **geschriebenen** Französisch wird bei *-al* im Singular durch *-aux* gebildet. Der Plural (weiblich) (a.–c.) im geschriebenen Französisch wird immer durch Anhängen eines -s an die Singularform gebildet.
> Der Plural wird im **gesprochenen** Französisch nur im Fall c. sowie durch die Bindung vor Substantiven mit Vokal und stummem *h* ([deptizãfã]) hörbar.

Zu den Formen der Begleiter (*le/la/les/des* usw.) *vgl.* den Abschnitt **Artikel** S. 10.

2. Die Übereinstimmung des Adjektivs

a. | **attributives Adjektiv**

C'est un problème · **allemand.** · (Das ist ein deutsches Problem.)
Ce sont des problèmes · **allemands.** · (Das sind deutsche Probleme.)
C'est une voiture · **allemande.** · (Das ist ein deutsches Auto.)
Ce sont des voitures · **allemandes.** · (Das sind deutsche Autos.)

> Das Adjektiv gehört direkt zu dem nebenstehenden Substantiv; man nennt es das **attributive Adjektiv**. Es richtet sich wie im Deutschen nach dem zugehörigen Substantiv.

b. | **prädikatives Adjektiv**
1. zum Subjekt
(Verb = être o. ä.)

Jean · **est heureux.** (glücklich)
Gisèle · **est heureuse.**

Jean et Pierre · **sont heureux.**
Yvonne et Gisèle · **sont heureuses.**
Jean et Gisèle · **sont heureux.** (*)

2. zum Objekt
(Verb = trouver o. ä.)

Je trouve Janine très **belle.** · (Ich finde Janine sehr schön.)
Je la trouve très **belle.** · (Ich finde sie sehr schön.)
Je les trouve très **chers,** les-timbres-poste. · (Ich finde sie sehr teuer.)

> Das Adjektiv gehört in b. (1.) zum Verb *être* (ähnlich bei den Verben *rester, devenir* usw.); man nennt es das **prädikative Adjektiv**. Das prädikative Adjektiv richtet sich (im Gegensatz zum Deutschen) nach dem zugehörigen **Subjekt;** dementsprechend steht es in der männlichen bzw. weiblichen Form, im Singular bzw. im Plural. (*) Bei Verbindung von männlichen und weiblichen Substantiven steht das Adjektiv im Plural männlich: «Jean et Gisèle».
> Das prädikative Adjektiv kann sich (siehe b. [2.] oben) auch auf das **Objekt** (statt auf das Subjekt) beziehen; es wird dann ebenfalls verändert.

Das Adjektiv

3. Die Stellung des Adjektivs

a.	**Vor dem Substantiv** stehen (wie die deutschen Entsprechungen) meist kurze, häufig gebrauchte Adjektive:	Il a une **grande** voiture. Il a une **petite** voiture. Il a une **bonne** voiture. Il a une **jolie** voiture. Il a une **belle** voiture. Il aime une **belle** jeune fille. Il a une **jeune** femme. **Cher** oncle. Les **premiers** jours de septembre … Après un **long** voyage. Après un **dur** travail. ■ un milliard d'**anciens** francs.	(Er hat einen großen Wagen.) (Er hat einen kleinen Wagen.) (Er hat einen guten Wagen.) (Er hat einen hübschen Wagen.) (Er hat einen schönen Wagen.) (Er liebt ein schönes junges Mädchen.) (Er hat eine junge Frau.) (Lieber Onkel!) (Die ersten Septembertage …) (Nach einer langen Reise.) (Nach harter Arbeit.) (Eine Milliarde alter Francs.) ☐
b.	Im übrigen stehen die Adjektive **i.a. hinter dem Substantiv:**	C'est une voiture **confortable**. C'est une voiture **noire**. Ils aiment le pain **frais**. Il a passé une année **entière** en France. C'est un journal **anglais**. Il parle de l'économie **nationale**. C'est un problème **difficile**. C'étaient des jours **agréables**. ■ C'est une femme **charmante**. ☐ Il a une voiture **formidable**. ■ C'est une pâtisserie **délicieuse**. C'est une excuse **étonnante**. ■	(Das ist ein bequemer Wagen.) (Das ist ein schwarzer Wagen.) (Sie mögen gerne frisches Brot.) (Er hat ein ganzes Jahr in Frankreich verbracht.) (Das ist eine englische Zeitung.) (Er spricht von der Volkswirtschaft.) (Das ist ein schwieriges Problem.) (Das waren angenehme Tage.) (Das ist eine charmante Frau.) ■ (Er hat ein tolles Auto.) ☐ (Das ist ein köstlicher Kuchen.) ■ (Das ist eine erstaunliche Entschuldigung.) ■

c.	Beide Strukturen können kombiniert werden:	Il a une **petite** voiture **noire**. Il a une **grande** voiture **bleue**. J'ai ici quelques **petites** choses **intéressantes**.	(Er hat einen kleinen schwarzen Wagen.) (Er hat einen großen blauen Wagen.) (Ich habe hier einige interessante Kleinigkeiten.)
d.	Einem Wechsel der Stellung entspricht bei einigen Adjektiven eine Änderung der Bedeutung, z. B.:	lundi **dernier** (*vorigen* Montag) C'est une région **pauvre** (*armes* Gebiet) ■ C'est un château **ancien** (*altes* Schloß)	au **dernier** moment (im *letzten* Augenblick) Regarde, le **pauvre** enfant (das *arme, bedauernswerte* Kind) C'est un **ancien** château (ein *ehemaliges* Schloß) ◻

4. Die Steigerung des Adjektivs

a. Prädikatives Adjektiv

Positiv	Elle est jolie.	(hübsch)
Komparativ	Elle est **plus** jolie que les autres.	(hübscher)
	Elle est **moins** jolie **que** les autres.	(weniger hübsch)
Superlativ	Gisèle est **la plus** jolie.	(die hübscheste)
	Anne est **la moins** jolie.	(die am wenigsten hübsche)

b.	**Attributives Adjektiv**					
	Positiv	C'est un livre intéressant.	(Das ist ein interessantes Buch.)		C'est une grande voiture.	(Das ist ein großer Wagen.)
		C'est un beau livre.	(Das ist ein schönes Buch.)		C'est une voiture étrange.	(Das ist ein seltsamer Wagen.)
	Komparativ	Je cherche un livre **plus** intéressant.	(Ich suche ein interessanteres Buch.)		Je cherche une **plus** grande voiture.	(Ich suche einen größeren Wagen.)
		Je cherche un livre **moins** cher.	(Ich suche ein weniger teures Buch.)		Je cherche une voiture **plus** grande.	(Ich suche einen größeren Wagen.)
					Je cherche une voiture **moins** grande.	(Ich suche einen weniger großen Wagen.)
	Superlativ	C'est le livre **le plus** intéressant.	(Das ist das interessanteste Buch.)		C'est **la plus** grande voiture.	(Das ist der größte Wagen.)
		C'est mon livre **le plus** intéressant.	(Das ist mein interessantestes Buch.)		C'est la voiture **la plus** chère.	(Das ist der teuerste Wagen.)
		C'est **mon plus** beau livre.	(Das ist mein schönstes Buch.)		C'est **ma plus** grande voiture.	(Das ist mein größter Wagen.)
		C'est mon appartement **le moins** cher.	(Das ist meine preiswerteste Wohnung.)		C'est ma photo **la plus** intéressante.	(Das ist mein interessantestes Photo.)
					C'est ma voiture **la moins** chère.	(Das ist mein preiswertester Wagen.)

Prädikatives und attributives Adjektiv s. S. 41.

c.	**Die Steigerung** des Adjektives *bon:*	C'est un **bon** vin.		(guter Wein)
		Ce vin est **meilleur.**		(besser)
		C'est **le meilleur** vin.		(der beste Wein)

Vgl. die **Steigerung des Adverbs** S. 196.

5. Gleichsetzung/Vergleich

Gleichsetzung/Vergleich	Il est **aussi** grand **que** moi. Il n'est pas **aussi/si** grand **que** toi.	(ebenso groß wie) (nicht so groß wie)

Die Gleichsetzung/der Vergleich wird durch *aussi . . . que* bezeichnet. (In verneinten Vergleichssätzen kann *si* oder *aussi* verwendet werden.)

6. Verbindungen mit Adjektiven

■ **agréable**	1. **il est agréable de** + Infinitiv Il est très **agréable** d'avoir une voiture.	(Es ist sehr angenehm, einen Wagen zu haben.)
☐	2. **agréable à** + Infinitiv C'est très **agréable** à écouter.	(Das ist sehr angenehm zu hören.) ☐
aimable	C'est très **aimable** à vous / à lui / à Pierre.	(Das ist sehr liebenswürdig von Ihnen / von ihm / von Pierre.)
capable	**être capable de** Il est **capable** de tout faire.	(Er ist zu allem fähig.)
commode	**il est commode de** Il est **commode** de s'asseoir devant la télévision.	(Es ist bequem, sich vor das Fernsehen zu setzen.)
content	**être content de** + Infinitiv Nous sommes **contents** de vous voir.	(Wir freuen uns, Sie zu sehen.)

difficile	**1. il est difficile de** + Infinitiv Il est **difficile** de trouver une employée de maison. **2. c'est difficile à** + Infinitiv C'était **difficile** à comprendre.	(Es ist schwierig, eine Hausangestellte zu finden.) (Das war schwierig zu verstehen.)
enchanté	**être enchanté de** Tout le monde sera **enchanté** de vous recevoir.	(Alle werden sich freuen, Sie begrüßen zu können.)
facile	**1. il est facile de** + Infinitiv Il est **facile** d'apprendre le français. **2. être facile à** + Infinitiv La lettre n'est pas **facile** à comprendre.	(Es ist leicht, Französisch zu lernen.) (Der Brief ist nicht leicht zu verstehen.)
fier	**être fier de** Nous sommes très **fiers** d'être avec vous. Il est **fier** d'avoir réussi. Il est **fier** de sa réussite.	(Wir sind sehr stolz, bei Ihnen zu sein.) (Er ist stolz, es geschafft zu haben.) (Er ist stolz auf seinen Erfolg.)
heureux	**être heureux de** Je suis **heureux** de vous revoir.	(Ich bin glücklich, Sie wiederzusehen.)
impossible	**il est impossible de** + Infinitiv Il sera **impossible** de préparer le programme à temps.	(Es wird unmöglich sein, das Programm rechtzeitig vorzubereiten.)

loin	**être loin de** Elle est **loin** d'être belle.	(Sie ist alles andere als schön.)
nécessaire	**il est nécessaire de** + Infinitiv Il est **nécessaire** de trouver une solution.	(Es ist nötig, eine Lösung zu finden.)
obligé	**être obligé de** + Infinitiv Elle est **obligée** de changer d'appartement.	(Sie muß umziehen/die Wohnung wechseln.)
plein	**être plein de** + Substantiv Il est **plein** d'idées.	(Er steckt voller Ideen.)
prêt	**être prêt à** + Infinitiv Il est **prêt** à partir.	(Er ist bereit aufzubrechen.)
reconnaissant	**être reconnaissant à qn de** Je vous serais **reconnaissant** de me répondre le plus tôt possible.	(Ich wäre Ihnen für eine möglichst baldige Antwort dankbar.)
sûr	**être sûr de** Elle est **sûre** de m'avoir vu à Paris.	(Sie ist sicher, daß sie mich in Paris gesehen hat.)
utile	**il est utile de** + Infinitiv Il serait peut-être plus **utile** de leur envoyer un télégramme.	(Es wäre vielleicht nützlicher, ihnen ein Telegramm zu senden.)

Zahlwörter (les nombres)

Bedeutung der Zahlwörter

Situation	Äußerung	Bedeutung
Annick wird nach dem Datum gefragt. Sie antwortet:	»Nous sommes le **29**.« (Wir haben den 29.)	eine Eigenschaft angeben und damit eine Gegebenheit nach der Zeit einordnen
Yvonne fragt, wo Peter wohnt. Jean antwortet ihr:	»Au **deuxième**.« (Im zweiten Stock.)	eine Eigenschaft angeben und damit etw. nach Ort/Reihenfolge einordnen
Ursula fragt, ob Post eingetroffen ist. Antwort:	»Oui, **trois** lettres.« (Ja, drei Briefe.)	eine Eigenschaft angeben und damit die Menge bezeichnen

1. Grundzahlen

Formen

1. Grundzahlen

Besonderheiten der Aussprache vor Substantiven. Das folgende Wort lautet an:

konsonantisch — *vokalisch*

0 zéro [zero]
1 un [ɛ̃]/
   une [yn]
2 deux [dø]

un livre [ɛ̃livr] — un hôtel [ɛ̃notɛl]
une chambre [ynʃɑ̃br]
deux livres [dølivr] — deux enfants [døzɑ̃fɑ̃]

	(konsonantisch)	(vokalisch)
3 trois [trwa]	trois livres [trwalivr]	trois enfants [trwazãfã]
4 quatre [kat(r)]		
5 cinq [sɛ̃:k]	cinq livres [sɛ̃livr]	cinq heures [sɛ̃kœ:r]
6 six [sis]	six livres [silivr]	six heures [sizœ:r]
7 sept [sɛt]		
8 huit [ɥit]	huit jours [ɥiʒu:r]	à huit heures [ɥitœ:r]
Merke: **kein Apostroph:**	**le** huit février	
9 neuf [nœf]	le neuf janvier [nœf]	à neuf heures [nœvœ:r]
10 dix [dis]	le dix février [difevrije]	dix heures [dizœ:r]
11 onze		
Merke: **kein Apostroph:**		**le** onze février
12 douze		
13 treize		
14 quatorze		
15 quinze		
16 seize		
17 dix-sept [disɛt]		
18 dix-huit [dizɥit]	le dix-huit février [dizɥifevrije]	à dix-huit heures [dizɥitœ:r]
19 dix-neuf [diznœf]	le dix-neuf janvier [diznœfʒãvje]	à dix-neuf heures [diznœvœ:r]

	(Besonderheiten)	
20 vingt [vẽ]	le vingt février [vẽfevrije]	à vingt heures [vẽtœ:r]
21 vingt et un(e) [vẽteẽ/yn]	s. »un«	
22 vingt-deux	s. »deux«	
23 vingt-trois	s. »trois«	
25 vingt-cinq [vẽtsẽk]		
. . . . .		
30 trente		
31 trente et un(e)	s. o.	
32 trente-deux		
33 trente-trois		
. . . . .		
40 quarante		
41 quarante et un(e)		
42 quarante-deux		
43 quarante-trois		
. . . . .		
50 cinquante		
51 cinquante et un(e)		
52 cinquante-deux		
53 cinquante-trois		
. . . . .		
60 soixante		
61 soixante et un(e)		
62 soixante-deux		
63 soixante-trois		
. . . . .		

50 Zahlwörter

(Besonderheiten)

- 70 soixante-dix
- 71 soixante et onze
- 72 soixante-douze
- 73 soixante-treize
- .....
- 80 quatre-vingts
- 81 quatre-vingt-un [-vẽẽ]
  quatre-vingt-une [-vẽyn]
- 82 quatre-vingt-deux
- 83 quatre-vingt-trois
- .....
- 90 quatre-vingt-dix   s. »dix«
- 91 quatre-vingt-onze
- 92 quatre-vingt-douze
- .....
- 99 quatre-vingt-dix-neuf   s. »neuf«
- 100 cent [sã]   cent livres
                                               cent enfants
- 101 cent un [sãẽ]
  cent une [sãyn]
- 102 cent deux
- .....
- 200 deux cents   deux cents livres
                                               deux cents ans
- 201 deux cent un [-sãẽ]
  deux cent une [-sãyn]
- 1000 mille

                     aber bei Jahreszahlen auch: **l'an mil** (das Jahr 1000)

                        (Besonderheiten)

1001 mille un
      mille une
. . . . .
2000 deux mille
                                                                deux mille ans
                        bei Jahresangaben auch: **l'an deux mil** (das Jahr 2000)
. . . . .
1 000 000 un million   un million de francs
2 000 000 deux millions   **deux** million**s** de francs

2. Ordnungszahlen

le 1er	(premier)	[ləprəmje]	**aber:** le premier étage [ləprəmjɛretaːʒ]	
la 1ère	(première) lettre			
le/la 2e	(deuxième) étage/lettre			
le/la 3e	(troisième)			
le/la 4e	(quatrième)			
le/la 5e	(cinquième)			
le/la 6e	(sixième)			
le/la 7e	(septième)			
le/la 8e	(huitième)	le/la 30e	(trentième)	
le/la 9e	(neuvième)	le/la 99e	(quatre-vingt-	
le/la 10e	(dixième)		dix-neuvième)	
le/la 11e	(onzième)	le/la 100e	(centième)	
. . . . .		le/la 101e	(cent unième)	
le/la 20e	(vingtième)	le/la 200e	(deux centième)	
le/la 21e	(vingt et unième) [vɛ̃teynjɛm]	le/la 1000e	(millième)	
le/la 22e	(vingt-deuxième)	le/la 2000e	(deux millième)	
. . . . .		le/la 1 000 000e	(millionième)	

■ **Anmerkungen**

1. François Ier (= premier) (der Erste)

> «Ier»: hier steht die Ordnungszahl, in allen übrigen Fällen die Grundzahl, es steht kein Artikel; z. B.:

    Louis XIV   (= quatorze)   (der Vierzehnte)
    Louis XVI   (= seize)   (der Sechzehnte)

2. le/la deuxième (zweite)
   habiter **au deuxième** (étage) (im 2. Stock wohnen)

> Neben *deuxième* gibt es *second(e)* [səgõ, səgõ:d] in folgenden Wendungen:

   habiter **au second** (étage)   (im 2. Stock wohnen)
   voyager **en seconde** (classe)   (zweiter Klasse fahren)
☐ être élève **de seconde** / être **en seconde** (in der Sekunda sein)

3. Bruchzahlen

■ demi: s. S. 55.
le tiers (Drittel): le tiers de la population
le quart   (Viertel)
le cinquième   (Fünftel)
le sixième   (Sechstel)
☐ usw.

4. Sammelzahlen

■ une douzaine   (ein Dutzend):   **une douzaine d'œufs**   (ein Dutzend Eier)   ■
  une centaine   (etwa hundert):   **une centaine d'hommes**   (etwa hundert Männer)
☐ un millier   (etwa tausend):   **trois milliers de** soldats   (etwa 3000 Soldaten)   ☐

5. Datum und Uhrzeit

5.1.	**Datum**	**Le 2** (deux) août **Le** samedi **2** (deux) janvier 1975 (vgl. dagegen das Deutsche) **Le** lundi **20** (vingt) septembre.	(der 2. August) (Samstag, der 2. Januar 1975) (Montag, der 20. September)
	Aber:	**Le 1ᵉʳ** (premier) août. **Le** dimanche 1ᵉʳ juillet 1984	(der 1. August) (Sonntag, der 1. Juli 1984)

Bei 1ᵉʳ wird die Ordnungszahl verwendet, in allen übrigen Fällen die Grundzahl.

5.2. Uhrzeit

	Umgangssprache	*Zeitansage*
il est	8 huit heures	huit heures
	8^{10} huit heures dix	huit heures dix
	8^{15} huit heures et quart	huit heures quinze
	8^{30} h huit heures et demie	huit heures trente
	8^{35} h neuf heures moins vingt-cinq	huit heures trente-cinq
	8^{45} h neuf heures moins le quart	huit heures quarante-cinq
	8^{55} h neuf heures moins cinq	huit heures cinquante-cinq usw.

Merke besonders:

12 h midi	douze heures
12^{15} h midi et quart	douze heures quinze
12^{20} h midi vingt	douze heures vingt
usw. wie oben	
22 h dix heures (du soir)	vingt-deux heures
24 h minuit	vingt-quatre heures
0^{10} h minuit dix	zéro heure dix
0^{30} h minuit et demi	zéro heure trente
usw. wie oben	

5.3. Anmerkung: demi

a. veränderlich

Un litre et **demi** — (eineinhalb Liter)
une heure et **demie** — (eineinhalb Stunden)
une livre et **demie** — (eineinhalb Pfund)

demi ist in der geschriebenen Sprache hier veränderlich.

b. ■ aber: in Zusammensetzungen

un **demi-litre** — (ein halber Liter)
une **demi-journée** — (ein halber Tag)
une **demi-bouteille** d'eau minérale — (eine halbe Flasche Mineralwasser)

☐ *demi* wird hier i.a. nicht verändert.

Das Pronomen/das Fürwort (le pronom)

Das Possessivpronomen/das besitzanzeigende Fürwort (l'adjectif / le pronom possessif)

Bedeutung des Possessivpronomens

Situation	Äußerung	Bedeutung
François war schon fortgegangen, aber er kam noch einmal zurück und fragte:	»Vous avez trouvé **mes** clés?« (Habt Ihr meine Schlüssel gefunden?)	Das Possessivpronomen „*mes*" zeigt den Besitz an.
M. Dubois stellt Ihnen seinen Sohn vor:	»Pierre, **mon** fils.« (Pierre, mein Sohn.)	Hier wird die Zugehörigkeit ausgedrückt.

Formen des Possessivpronomens

1. Das adjektivische Possessivpronomen / Das besitzanzeigende Fürwort
(l'adjectif possessif)

	Singular		Plural	
	maskulin	*feminin*	*maskulin oder*	*feminin*
Voici	**mon** billet	**ma** lettre	**mes** billets/	lettres
(mein)	**mon** ami	**mon** amie[1]	**mes** amis/	amies
Voici	**ton** billet	**ta** lettre	**tes** billets/	lettres
(dein)	**ton** ami	**ton** amie	**tes** amis/	amies
Voici	**son** billet	**sa** lettre	**ses** billets/	lettres
(sein/ihr)	**son** ami	**son** amie	**ses** amis/	amies
Voici	**notre** billet	**notre** lettre	**nos** billets/	lettres
(unser)	**notre** ami	**notre** amie	**nos** amis/	amies
Voici	**votre** billet	**votre** lettre	**vos** billets/	lettres
(Ihr/euer)	**votre** ami	**votre** amie	**vos** amis/	amies
Voici	**leur** billet	**leur** lettre	**leurs** billets/	lettres
(ihr)	**leur** ami	**leur** amie	**leurs** amis/	amies

[1] *mon, ton* und *son* stehen vor weiblichen Substantiven, die vokalisch anlauten *(amie)* oder mit einem stummen *h* *(habitude)* beginnen, sie werden bei der Aussprache gebunden.

Das Pronomen

Das Possessivpronomen ist in Person, Genus und Numerus veränderlich. Zu beachten ist die unterschiedliche Aussprache:

| vor Konsonant, z. B. | **mon** porte-monnaie | mein Portemonnaie |
| | **mes** verres | meine Gläser |

| vor Vokal, z. B. | **mon** ami | mein Freund |
| | **mes** enfants | meine Kinder |

Eine besondere Schwierigkeit im Gebrauch des Possessivpronomens bilden das deutsche „*ihr/Ihr*" und „*sein/ihr*":

Où est	**votre**	ami?	(Ihr/euer Freund)
Je cherche	**vos**	enfants.	(Ihre/eure Kinder)
Elle est dans	**son**	bureau.	(in ihrem/seinem Büro)
Elle cherche	**sa**	voiture.	(ihren/seinen Wagen)
J'ai besoin de	**ses**	billets.	(ihre/seine Fahrkarten)
Où est	**leur**	banque?	(ihre) (z. B. la banque des parents)
Voilà	**leurs**	lettres.	(ihre) (z. B. les lettres des enfants)

Anmerkung: Das Possessivpronomen *leur, leurs* darf nicht verwechselt werden mit dem Personalpronomen *leur*. *Vous leur donnez les clés?* (dt. Geben Sie *ihnen* die Schlüssel?).
Zur **Verbindung des Possessivpronomens mit dem Personalpronomen** s. S. 87

2. Das substantivische Possessivpronomen / Das besitzanzeigende Fürwort

(le pronom possessif)

		männlich			weiblich	
■ *Singular:*	Voilà un stylo.	C'est **le mien.**	(meiner)	Voilà une lettre	C'est **la mienne.**	■
		C'est **le tien.**	(deiner)		C'est **la tienne.**	
		C'est **le sien** (celui de Pierre, de Gisèle).	(seiner/ihrer)		C'est **la sienne.**	
		C'est **le nôtre.**	(unserer)		C'est **la nôtre.**	
		C'est **le vôtre.**	(Ihrer/eurer)		C'est **la vôtre.**	
		C'est **le leur** (celui des Cheval, des dames).	(ihrer)		C'est **la leur.**	
Plural:	Voilà des gants.	Ce sont **les miens.**		Voilà des cigarettes.	Ce sont **les miennes.**	
		Ce sont **les tiens.**			Ce sont **les tiennes.**	
		Ce sont **les siens.**			Ce sont **les siennes.**	
		Ce sont **les nôtres.**			Ce sont **les nôtres.**	
		Ce sont **les vôtres**			Ce sont **les vôtres.**	
■		Ce sont **les leurs.**			Ce sont **les leurs.**	■

■ S. S. 87. *C'est sa voiture à lui.* □

Das Demonstrativpronomen/ das hinweisende Fürwort (l'adjectif / le pronom démonstratif)

Gebrauch und Bedeutung

Situation	Äußerung	Bedeutung
Die Sekretärin geht zu ihrem Chef.	»On m'a donné **ces** lettres.« (Man hat mir diese Briefe gegeben.)	etwas identifizieren und damit auf etwas hinweisen
Gisela fragt, ob Peter lieber ins Kino oder ins Theater gehen will.	»**Cela** m'est égal.« (Das ist mir gleich.)	etwas identifizieren und damit auf Gesagtes zurückverweisen
Jean bietet Gisela mehrere Bleistifte an.	»Je prends **celui-là**.« (Ich nehme den da.)	etwas identifizieren und damit eine Sache unter mehreren auswählen
Janine sieht sich Hosen in einem Geschäft an.	»Où sont **ceux** que vous m'avez montrés hier?« (Wo sind die, die Sie mir gestern gezeigt haben?)	auf etwas hinweisen

Formen

1. Das Demonstrativpronomen als Adjektiv (*l'adjectif démonstratif*)

		männlich		**weiblich**	
Singular	Il ne connaît pas	[sə-] [sɛt-]	**ce** livre/ **cet** animal/ **cet** homme.	[sɛt-] [sɛt-]	**cette** lettre **cette** adresse.
Plural	Il ne connaît pas	[se-] [sez-] [sez-]	**ces** livres/ **ces** objets/ **ces** hommes.	[se-] [sez-]	**ces** lettres **ces** adresses.

Dieses Demonstrativpronomen bezieht sich auf ein zugehöriges Substantiv; es hat im Singular die Formen *ce* (männlich; vor Vokal und stummem *h* steht *cet*) und *cette* (weiblich); im Plural heißt es immer *ces* [se-] / [sez].

2. Das Demonstrativpronomen als Substantiv (*le pronom démonstratif*)

a. | **celui-là**
und
celui-ci | Je prends ce vin-là.
Je prends cette bière.
Je prends ces fruits.
Je prends ces oranges-là. | – Pourquoi **celui-là**?
– Pourquoi **celle-là**?
– Pourquoi **ceux-là**?
– Pourquoi **celles-là**? | (den [da])

Das substantivische Demonstrativpronomen *(le pronom démonstratif)* hat folgende Formen:

Singular:	celui-ci	celle-ci	(der hier)	**Plural:**	ceux-ci	celles-ci	(die hier)
	celui-là	celle-là	(der hier/da)		ceux-là	celles-là	(die da)

b. ■ celui que ...

Je prends **celui que** vous m'avez montré hier. (Ich nehme den, den Sie mir gestern gezeigt haben.)

Ce sont de belles photos. Ce sont **celles dont** vous m'avez parlé hier? (Sind das die, von denen Sie mir gestern erzählt haben?)

Vor einem Relativsatz steht nur *celui/celle/ceux/celles* (ohne -ci oder -là).

c. ■ celui de ...

»C'est ton appartement? – Non, c'est **celui de** ma sœur.« (Ist das deine Wohnung? – Nein, das ist die von meiner Schwester.)

»Voilà mes valises. – Non, ce sont **celles de** Pierre.« (Da sind meine Koffer. – Nein, das sind die von Pierre.)

☐ Auch vor *de* steht nur *celui/celle/ceux/celles*. ☐

3. ce

a. c'est ... / ce sont

C'est vrai. (Das ist wahr.)

C'est mon frère. (Das ist mein Bruder.)

C'est ma sœur. (Das ist meine Schwester.)

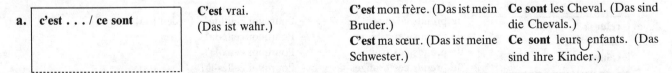

Ce sont les Cheval. (Das sind die Chevals.)

Ce sont leurs enfants. (Das sind ihre Kinder.)

(c'est … / ce sont)	**C'est** son père. (Das ist sein Vater.)	**Ce sont** des frères. (Es sind Brüder.)
		Ce sont mes lettres. (Das sind meine Briefe.)

ce (dt. das, dies) steht als neutrales Subjekt bei dem Verb *être*. Unpersönliche Ausdrücke werden mit *il* gebildet; s. S. 75.

b. **c'est … qui** / **c'est … que** dienen zur Hervorhebung von bestimmten Satzteilen.

1. **c'est … qui**	»**C'est** M. Dubois **qui** a écrit la lettre?«	(Hat Herr Dubois den Brief geschrieben?)
	»**C'est** toi **qui** as écrit la lettre?«	(Hast du den Brief geschrieben?)
	»**C'est** les Dubois **qui** ont écrit la lettre?«	(Haben die Dubois den Brief geschrieben?)
	»Voilà Pierre. – Non, **c'est** Jean **qui** arrive.«	(Da ist Pierre. – Nein, Jean kommt da.)

C'est … qui hebt das Subjekt hervor. Zu beachten ist die Übereinstimmung des Verbs in der Person: *(C'est)* **moi** *qui* **ai** …, *(c'est)* **nous** *qui* **avons** usw. (Vgl. das Deutsche!)

2. **c'est … que**	**C'est** à midi	**que** Jean vient.	(Jean kommt *mittags*.)
	C'est des vacances	**que** je parle.	(Ich spreche von den *Ferien*.)
	C'est avec Jean	**que** je sors.	(Ich gehe mit *Jean* fort.)
	C'est là	**que** je voudrais vivre.	(*Dort* möchte ich leben.)

Alle anderen Satzteile werden durch *c'est … que* hervorgehoben.

c. ■ ce qui

ce que

Donnez-moi **ce qui** est sur la table. (Geben Sie mir, was auf dem Tisch liegt.)
Tout **ce qui** est dans la serviette est à Jean. (Alles, was in der Aktentasche ist, gehört Jean.)
Faites **ce que** vous voulez. (Machen Sie, was Sie wollen.)
Savez-vous **ce que** c'est? (Wissen Sie, was das ist?)

Das neutrale Relativpronomen (ohne Beziehungswort im Satz) lautet *ce qui* (*dt.* was) als Subjekt und *ce que* (*dt.* was) als Objekt; s. **Relativpronomen**, S. 97.

4. cela

Cela ist in der gesprochenen Umgangssprache viel seltener als das bedeutungsgleiche *ça*.

a. **als Ergänzung**

»Qui t'a dit **cela**?« (Wer hat dir das gesagt?)
Vous avez besoin de tout **cela**? (Brauchen Sie das alles?)

Hier ist *cela* Ergänzung.

b. ■ **als neutrales Subjekt**

Cela m'est égal. (Das ist mir gleich.)
Cela ne fait rien. (Das macht nichts.)
Cela pourrait arriver. (Das könnte passieren.)
Cela se voit. (Das sieht man.)
Cela m'aidera à trouver un appartement. (Das wird mir helfen, eine Wohnung zu finden.)

☐ Das neutrale Subjekt (*dt.* das, es o. ä.) heißt meist *cela;* nur bei dem Verb *être* steht im allgemeinen *ce* (s. S. 62). ☐

| c. | **als vorläufiges Subjekt** | Oui, **cela** m'intéresserait beaucoup de visiter le château. | (Ich hätte großes Interesse, das Schloß zu besichtigen.) |

> Bei transitiven Verben steht *cela* (*dt.* es, das o. ä.) als vorläufiges Subjekt; eigentliches Subjekt ist hier *de visiter le château*.

5. Ça

| **Umgangssprache** | »**Ça** va? Ça va bien?« – »**Ça** va.«
 »**Ça** fait combien?« – »**Ça** fait 30 francs.«
 »**Ça** y est.«
 »Qui est-ce qui t'a dit **ça**?«
 »C'est **ça**.« | (Wie geht's? Geht's gut? – Es geht.)
 (Wieviel macht das? – Das macht 30 Francs.)
 (Da haben wir's; das wär's.)
 (Wer hat dir das gesagt?)
 (Das/so ist es; das ist richtig.) |

> *Ça* entspricht dem *cela,* ist aber in der alltäglichen Umgangssprache wesentlich häufiger.

6. Ceci

| **Verweis auf Folgendes** | Je vous rappelle **ceci**. | (dies, das folgende) |

> *Ceci* weist auf etwas Folgendes hin; es rückt etwas (eine Person, eine Sache, einen Vorgang) in das Blickfeld.

Das Indefinitpronomen/ das unbestimmte Fürwort *(l'adjectif / le pronom indéfini)*

Bedeutung des Indefinitpronomens

Situation	Äußerung	Bedeutung
Ihr Gegenüber fängt an, von einer ganz anderen Sache zu sprechen; Sie sagen zu ihm:	»C'est un **autre** problème.« (Das ist ein anderes Problem.)	eine Eigenschaft / einen Zustand angeben und damit einen Unterschied ausdrücken
Sie hören ein Geräusch an der Tür; Sie fragen:	»Il y a **quelqu'un**?« (Ist da jemand?)	als Nicht-Identifiziert beschreiben und damit eine Frage ausdrücken

Formen des Indefinitpronomens

1. Autre

a. Adjektiv

Je cherche **l'autre** livre. (das andere Buch)
Je cherche **les autres** livres. (die anderen Bücher)
Je cherche **un autre** livre. (ein anderes Buch)
Je cherche **d'autres** livres. (andere Bücher)
Nous autres Français ne sommes pas de cet avis. (Wir Franzosen)

autre (dt. andere, anderer o. ä.) bezieht sich als Adjektiv auf ein Substantiv.

b. | **Substantiv** | **L'autre** n'est pas venu(e). | (Der/die andere ist nicht gekommen.)
| | **Les autres** sont parti(e)s. | (Die anderen sind abgereist.)
| | **Les autres** n'écoutent pas. | (Die anderen hören nicht zu.)
| | |
| | **L'un après l'autre. / Les uns après les autres.** | (Einer nach dem anderen.)
| | **D'autres** travaillent encore plus. | (Andere arbeiten noch mehr.)
| | Ils s'informent **l'un l'autre.** | (Sie informieren sich gegenseitig.)

Als Substantiv verbindet sich *autre* mit dem Artikel.

c. | ■ **personne d'autre; rien d'autre; d'autre** | Que faire **d'autre**? | (Was ist anderes zu tun?)
| | Je ne vois **personne d'autre**. | (Ich sehe sonst niemanden.)
| | Je ne trouve **rien d'autre**. | (Ich finde sonst nichts.)

d'autre findet sich in manchen Verbindungen wie *personne d'autre, rien d'autre*.

d. | **entre autres; l'autre jour** | Elle a trouvé – **entre autres** – un plan de la ville. | (unter anderem)
| | **L'autre jour** j'ai rencontré les Duval. | (neulich)

☐ *Entre autres* und *l'autre jour* sind feste Wendungen. ☐

Das Indefinitpronomen 67

2. Certain

a. | als Adjektiv | **Certaines** industries ont de graves difficultés.   (Bestimmte Industrien haben große Schwierigkeiten.)

> *certain* ist hier Adjektiv; wenn es vor einem Substantiv steht, wird kein Artikel gesetzt.

b. | ◼ als Substantiv | **Certains** de ces pays ont de grands problèmes.   (Einige dieser Länder haben große Probleme.)

> ◼ *certain(e)s* (*dt.* einige, manche, gewisse o. ä.) sind hier substantivische Pronomen im Plural.

3. Chacun/Chaque

a. | als Adjektiv | **chaque** élève – **chaque** maison   (jeder Schüler – jedes Haus)
chaque jour – **chaque** semaine   (jeder Tag – jede Woche)

> *chaque* (*dt.* jeder, jede usw.) ist Adjektiv und verbindet sich mit einem Substantiv.

b. | als Substantiv | Je connais **chacun** d'eux. – Je connais **chacune** d'elles.   (Ich kenne jeden/jede von ihnen.)

Je connais **chacun** de mes élèves. – Je connais **chacune** de ces jeunes filles.   (Ich kenne jeden meiner Schüler/jedes dieser Mädchen.)

> *chacun(e)* (*dt.* jeder usw.) ist substantivisches Pronomen.

Das Indefinitpronomen

4. Même

a. | ■ même + betontes Personalpronomen

Je suis venu(e) **moi-même**. (selbst)
Tu es venu(e) **toi-même?**
Il est venu **lui-même**.
Elle est venue **elle-même**.
Nous sommes venu(e)s **nous-mêmes**.
Vous êtes venu(e)(s) **vous-même(s)?**
Ils sont venus **eux-mêmes**.
Elles sont venues **elles-mêmes**.

☐ *même(s)* (*dt.* selbst) verbindet sich mit dem betonten Personalpronomen *moi, toi* usw.; s. S. 86

b. **1. als Adjektiv**

le même livre (dasselbe Buch)
les mêmes livres (dieselben Bücher)
la même maison (dasselbe Haus)
les mêmes maisons (dieselben Häuser)
en même temps (zur gleichen Zeit)
c'est **la même** chose qu'hier (das ist dasselbe wie gestern)

■ **2. als**
☐ **Substantiv**

c'est **la même** (das ist dieselbe) ■
ce sont **les mêmes** (das sind dieselben) ☐

même(s) (*dt.* derselbe, dieselbe etc.): Adjektiv (1) oder Substantiv (2).

c. **Einige Verbindungen** mit *même* s. S. 205.

Das Indefinitpronomen 69

5. Quelque

a. **quelque chose**
rien

Il en sait **quelque chose**. (Er weiß etwas davon.)
Il voit **quelque chose** d'intéressant. (Er sieht etwas Interessantes.)
Il **n**'en sait **rien**. (Er weiß nichts davon.)
Il **ne** voit **rien** d'intéressant. (Er sieht nichts Interessantes.)

◼ **Merke besonders:**

Il est parti **sans rien** dire. (Er ist fortgegangen, ohne etwas zu sagen.) ◼

quelque chose heißt *etwas;* der verneinte Ausdruck heißt: *ne . . . rien* (*dt.* nichts).

b. **quelqu'un /**
personne

Je vois **quelqu'un**. (Ich sehe jemanden.)
Il y a **quelqu'un** à la porte. (Es ist jemand an der Tür.)
Je **ne** vois **personne**. (Ich sehe niemanden.)
Il **n'**y a **personne** à la porte. (Es ist niemand an der Tür.)

◼ **Merke besonders:**

Il est parti **sans** parler à **personne**. (Er ist fortgegangen, ohne mit jemandem zu sprechen.) ◼

quelqu'un(e) heißt *jemand;* verneint lautet der Ausdruck *(ne . . .) personne* (*dt.* niemand).

c. **quelque/quelques**
als Adjektiv

Il est venu il y a déjà **quelque** temps. (Er ist schon vor einiger Zeit gekommen.)
Il est rentré il y a **quelques** années. (Er ist vor einigen Jahren zurückgekommen.)
J'ai **quelques** lettres pour vous. (Ich habe einige Briefe für Sie.)

quelque(s) (*dt.* einige) verbindet sich als Adjektiv mit Substantiven.

d. quelques-uns, quelques-unes als Substantiv	Regarde les garçons. Regarde les jeunes filles.	Je connais **quelques-uns** d'entre eux. (Ich kenne einige von ihnen.) J'en connais **quelques-uns**. Je connais **quelques-unes** d'entre elles. J'en connais **quelques-unes**.

quelques-un(e)s (de) (*dt.* einige) sind Substantive, sie verbinden sich mit **en** oder haben ein **de** ... nach sich.

6. Tout, toute, tous, toutes

a. tout als Adjektiv

1. tout + Artikel	**tout** le temps [tu] (die ganze Zeit) **tous** les gens [tu] (alle Leute)	**toute** la maison [tut] (das ganze Haus) **toutes** les photos [tut] (alle Photos)

tout(e) (*dt.* ganz, alle) steht im Gegensatz zum Deutschen **vor** dem Artikel (dem Possessivpronomen usw.).

Statt des Artikels können auch andere Begleiter stehen:

2. tout + Possessivpronomen oder Demonstrativpronomen Merke:	**toute** sa maison **toute** cette maison **tout le monde**	(sein ganzes Haus) (dieses ganze Haus) (alle, jedermann)

Das Indefinitpronomen

3.	**tout** + **Substantiv** **Singular**	**tout** homme	(jeder Mann)	**toute** femme	(jede Frau)

> *tout(e)* (*dt.* jeder, jede, jedes etc.) mit Substantiv (ohne Artikel, Possessivpronomen etc.) wird nur im Singular gebraucht.

b. | **tout als neutrale Form** | C'est **tout.** [tu] | (Das ist alles.)
   | | C'est **tout** ce qui me reste. [tuski] | (Das ist alles, was mir bleibt.)
   | | C'est **tout** ce que je sais. [tuskə] | (Das ist alles, was ich weiß.)

> *tout* (*dt.* alles) ist eine neutrale Form.

c. | ■ **tout als Substantiv** | Ils sont **tous** venus. [tus] | Elles sont **toutes** venues. [tut] | (Sie sind alle gekommen.) ■
   | | **Tous** sont venus. [tus] | **Toutes** sont venues. [tut] | (Alle sind gekommen.)

d. ☐ **tout als Adverb,** s. S. 210. ☐

72 Das Indefinitpronomen

Das Personalpronomen
das persönliche Fürwort *(le pronom personnel)*

Bedeutung des Personalpronomens

Situation	Äußerung	Bedeutung
Sie fragen nach Gisèle.	»**Elle** est toujours à Paris.« (Sie ist immer noch in Paris.)	auf jmdn. verweisen, der bereits erwähnt wurde
Sie zeigen Ihrem Freund Bücher.	»Je **les** connais.« (Ich kenne sie.)	auf etwas verweisen, das durch die Situation bekannt ist

Formen des Personalpronomens
1. Das verbundene Personalpronomen *(le pronom personnel atone)*

1.1. Das Personalpronomen als Subjekt

je	**je** travaille	(ich arbeite)	**j'**ai travaillé	(ich habe gearbeitet)
tu	**tu** travailles	(du)	**tu** es chez toi?	(bist du zu Hause?)
il/elle	**il/elle** travaille	(er/sie)	**il/elle** est à la maison	(er/sie ist zu Hause)
nous	**nous** travaillons	(wir)	**nous** avons faim	(wir haben Hunger)
vous	**vous** travaillez	(ihr/Sie)	**vous** êtes là?	(Sind Sie/seid ihr da?)
ils/elles	**ils/elles** travaillent	(sie)	**ils/elles** ont soif	(sie haben Durst)

Anmerkungen:

a. | **on** |

On y va?	(Gehen wir hin?)
On dit que . . .	(Man sagt, daß . . .; es wird gesagt, daß . . .)
Pourquoi dit-**on** que . . .?	(Warum wird gesagt, daß . . .?)

> *On* ist in der Umgangssprache sehr häufig und hat verschiedene Bedeutungen; meist heißt es *wir* oder *man,* aber auch *ihr* oder *sie.* »Wir« wird hier häufiger durch *on* als durch *nous* ausgedrückt.

b. | **il** (*dt.* er, es) **Unterscheide:** |

Où est ton frère? – **Il** est là-bas.	(er)
Il fait beau à Paris.	(es ist . . .)
Il y a quinze jours.	(vor vierzehn Tagen)

c. **il – ce – cela** (= es/das)

| **1. il bei être + Adjektiv** |

Il est facile de faire cela.	(Das ist leicht zu machen.)
Il n'est pas difficile de conduire.	(Autofahren ist nicht schwer.)

> *Il* ist das vorläufige Subjekt; das eigentliche Subjekt (der Infinitiv) folgt; *il* verweist auf das nachfolgende Subjekt.

| **ce bei être + Adjektiv** |

(Faire cela,) **ce** n'est pas facile.	(Das ist nicht leicht.)
(Conduire,) **ce** n'est pas difficile.	(Das ist nicht schwer.)

> *Ce* weist auf etwas Vorangegangenes zurück.

cela bei transitiven Verben	Oui, **cela** m'intéresserait beaucoup de visiter le château.	(Ich hätte großes Interesse, das Schloß zu besichtigen.)

Cela steht bei transitiven Verben als vorläufiges Subjekt; s. **Demonstrativpronomen,** S. 64.

2. il bei unpersönlichen Ausdrücken und intransitiven Verben	**Il y a** quelqu'un à la porte.	(An der Tür ist jemand.)		
	Il y a une heure. s. S. 76.	(vor einer Stunde)		
	il est tard	(es ist spät)		
	il est temps	(es ist Zeit)		
	il est tôt	(es ist früh)		
	il fait beau	(es ist schön)	**il** fait jour	(es ist hell)
	il fait chaud	(es ist heiß)	**il** fait nuit	(es ist dunkel)
	il fait frais	(es ist frisch)	**il** fait lourd	(es ist schwül)
	il fait froid	(es ist kalt)	**il** fait sombre	(es ist dunkel)
	il fait mauvais	(es ist schlechtes Wetter)		
	il faut partir	(wir müssen abfahren)	**il** lui faut du repos.	(er/sie braucht Ruhe.)
	il pleut	(es regnet)	**il** lui manque 5 francs.	(ihm/ihr fehlen 5 Fr.)
			il en reste.	(es ist noch etwas übrig.)

Il leitet hier unpersönliche Ausdrücke ein (z. B. *il y a quelqu'un à la porte*) bzw. *il* ist vorläufiges Subjekt bei intransitiven Verben (z. B. *il lui manque 5 francs.*).

3. il y a	a. Sur le bureau **il y a** un verre. Sur le bureau **il y a** des lettres. Sur le bureau **il y a** une assiette.	(es gibt; ist/sind; liegt/liegen . . .)
	b. Nous sommes arrivés ici **il y a** quinze jours. **il y a** trois semaines.	(vor 14 Tagen) (vor drei Wochen)
	c. Il n'y a pas de quoi. Il n'y a pas de mal.	(Bitte, keine Ursache.) (Bitte, das macht nichts/das ist nicht schlimm.)

1.2. Das Personalpronomen als Objekt

a. Direktes Objekt *(complément d'objet direct)*

me; m' te; t'	Il **me** cherche. Il **te** cherche.	(Er sucht mich.) (Er sucht dich.)	Il **m'**aime bien. Il **t'**aime bien.	(Er mag mich gern.) (Er mag dich gern.)
	(Où est ton ami[e]?)			
le; l' la; l'	Je **le** cherche. Je **la** cherche.	(Ich suche ihn.) (Ich suche sie.)	Je **l'**aime bien. Je **l'**aime bien.	(Ich mag ihn gern.) (Ich mag sie gern.)
nous	Il **nous** cherche.	(Er sucht uns.)	On **nous** a cherché(e)s.	(Man hat uns gesucht.)
vous	Il **vous** cherche.	(Er sucht Sie/euch.)	On **vous** a cherché(e)(s).	(Man hat euch/Sie gesucht.)
les	(Où sont tes ami[e]s?) Je **les** cherche. Je **les** cherche.	 (Ich suche sie.) (Ich suche sie.)	 Je **les** aime bien. Je **les** aime bien.	 (Ich mag sie gern.) (Ich mag sie gern.)

b. Indirektes Objekt *(complément d'objet indirect)*

me; m'	Elle ne **me** répond pas.	(Sie antwortet mir nicht.)	Cela **m'**est égal.	(Das ist mir gleich.)
te; t'	Elle **te** répond?	(Antwortet sie dir?)	Cela **t'**est égal?	(Ist dir das gleich?)
lui	On ne **lui** répond pas.	(Man antwortet ihm/ihr nicht; à Pierre/à Gisèle)	Cela **lui** est égal.	(Das ist ihm/ihr gleich.)
nous	On **nous** répond.	(Man antwortet uns.)	Cela **nous** est égal.	(Das ist uns gleich.)
vous	On **vous** répond?	(Antwortet man euch/Ihnen?)	Cela **vous** est égal?	(Ist euch/Ihnen das gleich?)
leur	On ne **leur** répond pas.	(Man antwortet ihnen nicht; *aux garçons, aux filles*)	Cela **leur** est égal.	(Das ist ihnen gleich.)

Anmerkungen

a. **m'; t'; l'** — *m'*, *t'* und *l'* stehen vor vokalischem Anlaut (z. B. *aimer*) und vor stummem *h* (z. B. *habiller*).

b. **moi/toi** — Beim bejahten Imperativ stehen *moi* (statt *me*) und *toi* (statt *te*):
Donne-**moi** le sel. (Gib mir das Salz.)
Dépêche-**toi.** (Beeil dich.)

Zur **verneinten** Form vgl. S. 83.

c. | **Veränderung des Partizip:** s. **Partizip,** S. 132.

d. | **Stellung:** s. S. 82.

e. *lui* ist unverbundenes Personalpronomen in Sätzen wie:

lui als unverbundenes Personalpronomen	C'est pour **lui.**	(Das ist für ihn.)
	Lui (, il) vient.	(Er kommt.)
	s. S. 86	

f. leur: vgl. folgende Sätze:

leur als Possessivpronomen	C'est **leur** livre.	(Das ist ihr Buch.)
	C'est **leur** maison.	(Das ist ihr Haus.)
	Ce sont **leurs** livres.	(Das sind ihre Bücher.)
	Ce sont **leurs** voitures.	(Das sind ihre Wagen.)

Hier ist *leur* Possessivpronomen, s. S. 56.

Aber:	Vous *leur* donnez de l'argent? (Geben Sie ihnen Geld?)
	(= *aux garçons; aux filles*)

Hier dagegen ist *leur* Personalpronomen.

1.3. Das Reflexivpronomen / Das rückbezügliche Fürwort *(le pronom réfléchi)*

a. Formen des Reflexivpronomens

Formen des Reflexivpronomens		
	Je me lève à 7 heures.	(Ich stehe um 7 Uhr auf.)
	Je m'appelle Pierre.	(Ich heiße Pierre.)
	Tu te lèves tôt?	(Stehst du früh auf?)
	Tu t'appelles Pierre?	(Heißt du Pierre?)
	Il se repose souvent.	(Er ruht sich oft aus.)
	Il s'appelle Jean.	(Er heißt Jean.)
	Elle se lève tôt.	(Sie steht früh auf.)
	Elle s'appelle Janine.	(Sie heißt Janine.)
	Nous nous reposons.	(Wir ruhen uns aus.)
	Vous vous levez tôt?	(Stehen Sie/steht ihr früh auf?)
	Ils se reposent.	(Sie ruhen sich aus.)
	Ils s'asseyent/assoient.	(Sie setzen sich.)
	Elles se reposent.	(Sie ruhen sich aus.)
	Elles s'asseyent/assoient.	(Sie setzen sich.)
Imperativ:	lève-**toi**	(steh auf)
	ne **te** lève pas	(steh nicht auf)
	amusez-**vous** bien	(viel Vergnügen)

Im bejahten Imperativ Singular steht *toi* (statt *te*).

Zum **verneinten Imperativ** s. S. 83.

b. Reflexive Verben / Rückbezügliche Tätigkeitswörter *(verbes pronominaux)*

Im Deutschen auch reflexiv:		Im Deutschen nicht reflexiv:	
s'amuser	(vergnügt sein, sich amüsieren)	s'appeler	(heißen)
s'asseoir	(s. setzen)	s'arrêter	(anhalten)
se coucher	(s. hinlegen)	se lever	(aufstehen)
se dépêcher	(s. beeilen)		
s'informer	(s. erkundigen)		
s'intéresser	(s. interessieren)		
se laver	(s. waschen)		
se reposer	(s. ausruhen)		
■ s'approcher	(s. nähern)	se douter de	(ahnen) ■
s'ennuyer	(s. langweilen)	se promener	(spazierengehen)
s'habiller	(s. anziehen)	se taire	(schweigen)
☐ s'installer	(s. niederlassen)	u. a.	☐

c. Stellung des Pronomens: s. Personalpronomen, S. 82.

d. Veränderung des Partizips: s. S. 132.

1.4. Die Pronominaladverbien en und y *(les adverbes pronominaux en et y)*

en (dt. von dort) und *y (dt.* dort[hin]) sind im Prinzip Ortsadverbien.

1.4.1. en

a.
en bei Verben	Tu viens de Paris? – J'**en** viens aussi.	(Da komme ich auch her.) (Ortsangabe)
	Vous voulez ces timbres? Vous **en** avez besoin?	(Brauchen Sie sie? Entspricht: *Vous avez besoin de ces timbres?*)

(en bei Verben)	◻ Qu'est est-ce que vous **en** faites? Il **en** reste?	(Was machen Sie damit?) ◻ (Sind noch welche da?)
Aber:	◻ J'ai besoin *de lui*.	(Ich brauche ihn.) (Person) ◻

en wird als Ergänzung zu einem Verb gebraucht und entspricht bei Sachbezeichnungen einem *de* + Substantiv.

en bei Mengenangaben	Tu veux du vin? J'**en** ai beaucoup. – J'**en** ai plusieurs bouteilles. – Je n'**en** ai plus. – Je n'**en** prends pas, merci.	(Ich habe viel.) (Ich habe mehrere Flaschen.) (Ich habe keinen mehr.) (Ich nehme keinen.)

en steht bei Angaben der Menge statt *de* + Substantiv; im Deutschen entspricht es etwa „davon", bleibt aber i.a. unübersetzt.

b. | **Feststehende Redewendungen mit en** | **Je vous en prie.**
◻ **S'il en est ainsi . . .** | (Ich bitte Sie! / Bitte sehr, keine Ursache.)
(Wenn das so ist . . .) ◻ |
|---|---|---|

1.4.2. y

a. | **y als Ortsangabe** | *Tu vas à Paris (en France?/aux Etats-Unis?)*
Tu **y** vas aussi?
Il n'**y** est plus. | *(Fährst du nach Paris etc.)*
(Fährst du auch *hin*?)
(Er ist nicht mehr *dort*.) |
|---|---|---|

y (*dt.* dort[hin] o. ä.) dient zur Ortsangabe.

Das Personalpronomen

b.	y = à + Substantiv	Tu penses à la clé? – Oui, j'**y** pense, bien sûr.	(Ich denke *daran*.) *(Sache)*
	Unterscheide:	Tu penses à Gisèle? – Oui, je pense souvent *à elle*.	(Ich denke oft an sie.) *(Person)*

y entspricht bei Sachbezeichnungen einem *à* + Substantiv und dient als Ergänzung zum Verb.

1.5. Stellung der Personalpronomen und der Pronominaladverbien y/en

1.5.1. Aussagesatz mit einem Pronomen

a. **Das Pronomen steht vor dem konjugierten Verb**

Il **me** cherche. — (Er sucht mich.)
Il ne **lui** répondra pas. — (Er wird ihm/ihr nicht antworten.)
Il **en** prendra. — (Er wird davon nehmen.)
Je **l'**ai cherché. — (Ich habe ihn gesucht.)
Je **lui** ai répondu. — (Ich habe ihm/ihr geantwortet.)
Je ne **le** fais pas venir. — (Ich lasse ihn nicht kommen.)
Je **l'**ai vue venir. — (Ich habe sie kommen sehen.)

b. **vor dem Infinitiv**

Je vais **le** chercher. (Ich werde ihn suchen.)   Il faut **le** faire. (Man muß es tun; packen wir's an.)
Je vais **leur** répondre. (Ich werde ihnen antworten.)   Je dois **y** aller. (Ich muß hingehen.)

Das Pronomen steht vor dem konjugierten Verb (a).
Nur bei *aller, devoir, falloir, oser, pouvoir, vouloir* + Infinitiv steht es vor dem Infinitiv (b).

1.5.2. Imperativ mit einem Pronomen

a.	**verneint:** **wie im Aussagesatz**

Ne **me** cherche pas. (Such mich nicht.)
Ne **lui** répondez pas. (Antwortet ihm/ihr nicht.)
N'**en** parlez plus. (Sprechen Sie/Sprecht nicht [mehr] davon.)

b.	**bejaht:**

Laisse-**moi** tranquille.	(Laß mich in Frieden.)	Donne-**moi** la lettre.	(Gib mir den Brief!)
Dépêche-**toi**.	(Beeil dich.)	Lave-**toi** les mains.	(Wasch dir die Hände.)
Cherche-**le/-la**.	(Such ihn/sie.)	Donnez-**lui** la lettre.	(Gebt ihm/ihr den Brief.)
Dépêchons-**nous**.	(Beeilen wir uns.)	Donnez-**nous** la lettre.	(Gebt uns den Brief!)
Dépêchez-**vous**.	(Beeilt euch.)	Lavez-**vous** les mains.	(Wascht euch die Hände!)
Cherche-**les**.	(Such sie.)	Apportez-**leur** la lettre.	(Bringt ihnen den Brief.)
		Prends-**en**.	(Nimm davon.)
		Vas-**y** (vgl. S. 148)	(Geh hin.)

> Im bejahten Satz wird das Pronomen dem Verb nachgestellt und durch einen Bindestrich an das Verb angeschlossen; statt *me* steht *moi*, statt *te* steht *toi*.

1.5.3. Zwei Pronomen im Aussagesatz

a. Elle **me l'**a dit. (Sie hat es mir gesagt.)
Elle ne **le lui** a pas donné. (Sie hat es ihm/ihr nicht gegeben.)
Je vais **le lui** dire. (Ich werde es ihm/ihr sagen.)

> Beide Personalpronomen stehen vor dem konjugierten Verb bzw. vor dem Infinitiv (s. S. 82). Sie lassen sich folgendermaßen kombinieren:

	indirektes Objekt	direktes Objekt	indirektes Objekt	
Elle (ne)	me te se nous vous	le/la/les		donne (pas).
Elle (ne)		le/la/les	lui leur	donne (pas).

b. Elle **lui en** a donné. (Sie hat ihm/ihr davon abgegeben.)
Personne ne **s'en** souvient. (Niemand erinnert sich daran.)
Je **t'y** suivrai. (Ich werde dir dorthin folgen.)
Il n'**y en** a plus. (Es ist nichts mehr davon da.)

> Bei der Kombination mit Personalpronomen stehen *y/en* immer hinter dem Personalpronomen, vor dem Verb. Dabei steht *y* vor *en*.

1.5.4. Zwei Pronomen beim Imperativ

a. Ne **le lui** donne pas.   Ne **lui en** donnez pas.   Ne **t'en** va pas.

> **Verneint:** wie im Aussagesatz s. S. 84, 1.5.3.a.

b. Reihenfolge der Pronomen im bejahten Satz:

	Direktes Objekt	Indirektes Objekt	y, en	
Donne	-le	-moi		
Donnez	-le	-lui		
Donnez		-lui	-en	un peu.
Parlez		-m'	-en	

1. Die Pronomen werden dem Verb nachgestellt.
2. Sie werden durch Bindestriche mit dem Verb verbunden.
3. Statt *me* steht *moi*, statt *te* steht *toi* (außer vor *en*):   Donnez-**m'en** un peu.
                                                               Va-**t'en.**
4. Das direkte Objekt steht immer vor dem indirekten, dann folgen *y* und *en*.

Anmerkung:
Où sont mes chaussures? – **Les voilà.**   (Da sind sie.)
Tu as mes cahiers? – **Les voici.**   (Hier sind sie.)

> *Voici* und *voilà* verlangen die Voranstellung des Personalpronomens.

2. Das unverbundene Personalpronomen *(le pronom personnel tonique)*

2.1. Formen

Moi, je viens. **Je** viens, moi.   (*ich* komme.)
Toi, tu viens? . . .   (kommst *du*? . . .)

Lui (, il) vient.   (*Er* kommt.)
Elle (, elle) vient.   (*Sie* kommt.)

Nous, nous venons.   (*wir* kommen.)
Vous, vous venez?   (Kommen *Sie*/kommt *ihr*?)

Eux (, ils) viennent.   (*Sie* kommen.)
Elles (, elles) viennent.   (*Sie* kommen.)

2.2. Gebrauch

a. | Alleinstehend: |

Qui est là? – **Moi.**   (Ich.)

b. | Nach c'est/ce sont: |

C'est **lui?**   (Ist *er*'s?)
C'est **lui** qui vient?   (Kommt *er*?)
Ce sont **eux**   (*Sie* suche ich.)
que je cherche.

| c. | **Nach Präpositionen:** | Il est chez **lui**. | (Er ist zu Hause.) | Il est chez **eux**. | (Er ist bei ihnen.) |

Je viens avec **elle**. (Ich komme mit ihr.)
Cette voiture est à **elle**/à **nous**. (Dieser Wagen gehört *ihr*/*uns*.)
C'est sa voiture à **lui**/à **elle**. (Das ist *sein*/*ihr* Wagen.)

| d. | **zur Hervorhebung** |

Moi, je viens. (Ich komme.)
Lui, il est là. / **Lui** est là. (Er ist da.)

> In der 3. Person Singular und Plural kann die Wiederaufnahme durch das verbundene Pronomen entfallen.

Ebenfalls zur *Hervorhebung*, zusammen mit einem Possessivpronomen:
C'est sa voiture à **lui**. (*sein* Auto)

| e. | **Im Imperativ:** |

Im bejahten Imperativ stehen *moi* (statt *me*) und *toi* (statt *te*):

Donne-**moi** le sel. (Gib mir das Salz.)
Dépêche-**toi**. (Beeil dich.)

Frageformen; das Interrogativpronomen/ das Fragefürwort *(l'adjectif / le pronom interrogatif)*

Bedeutung der Fragewörter

Situation	Äußerung	Bedeutung
Jemand klopft an die Tür.	»**Qui** est là?« (Wer ist da?)	Frage nach der Identität
Sie suchen Pierre.	»**Où** est Pierre?« (Wo ist Pierre?)	Frage nach den Umständen

Formen und Gebrauch der Fragewörter und Frageformen

1. Entscheidungsfragen

Die Antwort ist z. B. *oui* oder *non*. Für diese Entscheidungsfragen stehen mehrere Frageformen zur Verfügung:

a. | **ansteigende** (fragende) **Satzmelodie** |

Vous avez une question? (Haben Sie eine Frage?)
Vous aimez ce vin? (Mögen Sie diesen Wein?)
Jean vient avec nous? (Kommt Jean mit uns?)

> Die Frage ist durch eine am Satzende ansteigende (fragende) Satzmelodie gekennzeichnet, eine in der gesprochenen Sprache des Alltags sehr häufig gebrauchte Form.

b. | **est-ce que** | **Est-ce que** Robert est en vacances? (Hat Robert Ferien?)
Est-ce que c'est Gisèle? (Ist das Gisèle?)
Est-ce qu'ils sont à Paris? (Sind sie in Paris?)

Die Frage wird durch das einleitende *est-ce que* gekennzeichnet, ebenfalls eine recht häufig gebrauchte Struktur in gesprochener Sprache.

c. | **nachgestelltes Personalpronomen** | **Est-il** rentré? (Ist er zurück?)
A-t-il trouvé le restaurant? (Hat er das Restaurant gefunden?)

Das Subjekt ist ein Pronomen (kein Substantiv); dann kann die Frage durch das nachgestellte Personalpronomen gekennzeichnet werden. Diese Frageform findet sich sowohl im gesprochenen wie auch im schriftlichen Französisch.

d. | ◨ **absolute Fragestellung** | **Le président a-t-il** déjà expliqué son programme aux partis politiques? (Hat der Präsident den politischen Parteien schon sein Programm erläutert?)

Die absolute Fragestellung wird in der täglichen Umgangssprache vermieden. Sie ist dadurch gekennzeichnet, daß ◨ das substantivische Subjekt durch ein Pronomen wieder aufgenommen wird.

2. Ergänzungsfragen

Ergänzungsfragen werden mit Fragewörtern eingeleitet (dt. z. B. *wer?*, *was?*, *wie?*, *wann?*)

2.1. Fragen mit qui/que (nach Personen bzw. Sachen)

a. Das Fragewort ist Subjekt

Personen: **qui** oder **qui est-ce qui** (= wer) **Sachen:** **qu'est-ce qui** (= was)	**Qui** t'a dit cela? **Qui** est là?	 (Wer ist da?)	*oder:*	**Qui est-ce qui** t'a dit cela? **Qui est-ce qui** va venir? **Qu'est-ce qui** vous attend là-bas?	(Wer hat dir das gesagt?) (Wer kommt?) (Was erwartet Sie dort?)

Dt. wer?: **qui?** oder **qui est-ce qui?** Dt. was? (Subjekt): **qu'est-ce qui?**

b. Das Fragewort ist Objekt

Personen: **qui** oder **qui est-ce que** (= wen) **Sachen:** **que** oder **qu'est-ce que** (= was, als Objekt)	**Qui** attend-il? (**Qui** Robert attend-il? zur sogenannten **absoluten Fragestellung** (vgl. S. 89.) **Qui** vois-tu? **Que** fait Robert? **Que** dit-elle?	(Wen erwartet er?) (Wen erwartet Robert?) *(Was sagt sie?)*	*oder:* *oder:*	**Qui est-ce que** Robert attend? **Qui est-ce que** tu vois? **Qu'est-ce que** Robert fait? **Qu'est-ce qu'**il cherche? **Qu'est-ce que** c'est?	(Wen erwartet Robert?) (Wen siehst du?) (Was macht Robert?) (Was sucht er?) (Was ist das?)

2.2 Fragen mit anderen Fragewörtern

a. Das Subjekt wird hinter das Verb gestellt.

Subjekt ist Substantiv; kein Objekt vorhanden	**Où** est votre hôtel? **Où** travaille Jean? **Quelle** est votre adresse?	(Wo ist Ihr Hotel?) (Wo arbeitet Jean?) (Welches ist/Wie ist Ihre Anschrift?)

> Das Subjekt ist ein Substantiv, das Verb hat kein Objekt.

Subjekt ist Personalpronomen	**Comment** allez-vous? **Pourquoi** vient-il? **De quoi** parle-t-on? **A quoi** pensez-vous?	(Wie geht es Ihnen?) (Warum kommt er?) (Wovon spricht man?) (Woran denken Sie?)

Das Subjekt ist ein Personalpronomen; es wird durch Bindestrich mit dem Verb verbunden.

b. Das Subjekt steht vor dem Verb.

Ergänzung des Fragewortes durch est-ce que?	**Où est-ce que** vous travaillez? **Où est-ce que** Jean travaille? **Où est-ce qu'**il passe ses vacances? **Pourquoi est-ce qu'**ils n'acceptent pas cette solution?	(Wo arbeiten Sie?) (Wo arbeitet Jean?) (Wo verbringt er seine Ferien?) (Warum nehmen sie diese Lösung nicht an?)

Wenn das Fragewort durch *est-ce que* ergänzt wird, bleibt das Subjekt (Substantiv oder Personalpronomen) **vor** dem Verb.

In der familiären, gesprochenen Sprache findet man folgende Form häufig:

Vous travaillez **où?**   (Wo arbeiten Sie?)
Jean travaille **où?**   (Wo arbeitet Jean?)
Il vient **quand?**   (Wann kommt er?)

c. ◨ **Das Subjekt steht vor dem Verb und wird durch ein Pronomen hinter dem Verb wieder aufgenommen.** ◨

absolute Fragestellung	**Quand** ton père **est-il** rentré à Paris?	(Wann ist dein Vater nach Paris zurückgekehrt?)
	Pourquoi son père ne **vient-il** pas?	(Warum kommt sein Vater nicht?)

◨ Diese absolute Fragestellung wird in der täglichen Umgangssprache gemieden. ◨

2.3. Fragewörter, die Ergänzungsfragen einleiten, sind:

combien		
	a. **Combien** coûtent ces timbres?	(Wieviel kosten diese Marken?)
	Combien en voulez-vous?	(Wieviel wollen Sie [davon]?)
	Ça fait **combien**?	(Wieviel macht das?)
	C'est **combien**?	(Wie teuer ist das? Wieviel macht das?)
	b. **Combien de** fois?	(wie oft?)
	Combien d'enfants a-t-elle?	(Wie viele Kinder hat sie?)
	Teilungsartikel s. S. 15	
	c. ◨ **Le combien** sommes-nous?	(Den wievielten haben wir?)

comment		
	Comment?	(Wie? Wie bitte?)
	Comment allez-vous?	(Wie geht es Ihnen?)
	Comment l'avez-vous trouvé?	(Wie haben Sie es gefunden?)
	Comment est-ce que vous faites?	(Wie machen Sie das?)
	abhängige Frage:	
	Demandez **comment** il va.	(Fragen Sie, wie es ihm geht.)

■ **lequel, laquelle**

Voici des livres. **Lequel** voulez-vous?	(Hier sind Bücher. Welches wollen Sie?)
Voici des timbres. **Lesquels** voulez-vous?	(Welche wollen Sie?)
Voici des pommes. **Laquelle** voulez-vous?	(Hier sind Äpfel. Welchen wollen Sie?)
Voici des cartes postales. **Lesquelles** voulez-vous?	(Hier sind Postkarten. Welche wollen Sie?)
Je pense à un de mes amis. – **Auquel?**	(Ich denke an einen meiner Freunde. – An welchen?)
Je pense à mes amis. – **Auxquels?**	(Ich denke an meine Freunde. – An welche?)
Je pense à une de mes amies. – **A laquelle?**	(Ich denke an eine meiner Freundinnen. – An welche?)
Je pense à mes amies. – **Auxquelles?**	(Ich denke an meine Freundinnen. – An welche?)
Je parle d'un client. – **Duquel?**	(Ich spreche von einem Kunden. – Von welchem?)
Je sors avec une de mes amies. – Avec **laquelle?**	(Ich gehe mit einer meiner Freundinnen aus. – Mit welcher?)
Je t'attends chez mon amie. – Chez **laquelle?**	(Ich erwarte dich bei meiner Freundin. – Bei welcher?)

où

Où allez-vous?	(Wohin geht ihr?)
Où est-il?	(Wo ist er?)
D'**où** venez-vous?	(Woher kommt ihr?)

In abhängiger Frage:
Je ne sais pas **où** il habite.   (Ich weiß nicht, wo er wohnt.)

aber: *où* als **Relativpronomen,** s. S. 99
Je cherche la maison où il habite.   (Ich suche das Haus, in dem er wohnt.)

pourquoi	**Pourquoi** n'est-il pas venu?	(Warum ist er nicht gekommen?)
	Pourquoi reste-t-il chez lui?	(Warum bleibt er zu Hause?)
	Pourquoi?	(Warum?)
	Pourquoi pas?	(Warum nicht?)
	In abhängiger Frage:	
	Je ne sais pas **pourquoi** il vient.	(Ich weiß nicht, warum er kommt.)
aber:	*c'est pourquoi* als **Konjunktion,** s. S. 224	
quand	**Quand** est-il venu?	(Wann ist er gekommen?)
	Quand est-ce qu'il va venir?	(Wann kommt er?)
	Depuis **quand** est-il à l'hôpital?	(Seit wann ist er im Krankenhaus?)
	Quand?	(Wann?)
	In abhängiger Frage:	
	Je ne sais pas **quand** il va venir.	(Ich weiß nicht, wann er kommt.)
aber:	*quand* als **Konjunktion,** s. S. 223	
que	**Que** veux-tu?	(Was willst du?)
	Qu'est-ce que tu veux?	(Was willst du?)
	Qu'est-ce qui vous intéresse?	(Was interessiert Sie/euch?)
aber:	*que* als **Relativpronomen,** s. S. 98	

quel, quelle	Singular:	**Quel** livre est-ce que vous cherchez?	(Welches Buch suchen Sie?)
		Quel est votre livre?	(Welches ist Ihr Buch?)
		Quelle lettre est-ce que vous cherchez?	(Welchen Brief suchen Sie?)
		Quelle est votre clé?	(Welches ist Ihr Schlüssel?)
	Plural:	**Quels** livres est-ce que vous cherchez?	(Welche Bücher sucht ihr?)
		Quels sont vos livres?	(Welches sind eure Bücher?)
		Quelles lettres est-ce que vous cherchez?	(Welche Briefe sucht ihr?)
		Quelles sont vos clés?	(Welches sind eure Schlüssel?)
qui		**Qui?**	(Wer?)
		Qui est-ce?	(Wer ist das?)
		Qui est-ce qui vient avec moi?	(Wer kommt mit mir?)
		Qui est-ce que vous cherchez?	(Wen suchen Sie?)
		Avec qui est-ce qu'il parle?	(Mit wem spricht er?)
		De qui parle-t-il?	(Von wem spricht er?)
		Vous savez **qui** c'est?	(Wissen Sie, wer das ist?)
		Frage s. S. 90	
	aber:	*qui* als **Relativpronomen**, s. S. 98	
quoi		**Quoi?**	(Was?)
		Quoi de neuf?	(Was gibt es Neues?)
		De quoi s'agit-il?	(Worum geht's?)
		A quoi pensez-vous?	(Woran denken Sie?)
		En quoi est ce bateau?	(Woraus ist dieses Boot?)
		In abhängiger Frage:	
		Je ne sais pas **de quoi** vous parlez.	(Ich weiß nicht, wovon Sie sprechen.)

Das Relativpronomen/ das bezügliche Fürwort (le pronom relatif)

Bedeutung des Relativpronomens

Situation	Äußerung	Bedeutung
Gisela fragt ihren Mann, wer an der Haustür geklingelt hat.	«La dame **qui** est déjà venue hier.» (Die Dame, die gestern schon einmal gekommen ist.)	Signalisieren, daß etw. näher bestimmt oder identifiziert wird.
Pierre zeigt mir ein Haus und sagt:	»C'est la maison **où** j'ai habité pendant cinq ans.« (Das ist das Haus, in dem ich 5 Jahre lang gewohnt habe.)	Signalisieren, daß etw. näher bestimmt oder identifiziert wird.

Das Relativpronomen leitet einen Satz ein, der i. a. ein Substantiv näher bestimmt; es bezieht sich sowohl auf Personen (hier z. B. *l'ami*) oder auf Sachen (hier: *la maison*).

Formen und Gebrauch des Relativpronomens

zur **Übereinstimmung des Verbs** s. S. 139
zur **Wortstellung** s. S. 222
zu *ce qui/ce que* und *c'est . . . qui/que* s. S. 63.

1. Das Relativpronomen als Subjekt im Relativsatz

Das Subjekt heißt immer **qui**	*Singular* Voilà le garçon **qui** m'a donné le journal. Voilà la femme **qui** m'a donné le journal. *Plural* Voilà les garçons **qui** m'ont donné le journal. Voilà les femmes **qui** m'ont donné le journal.	(Das ist der Junge, der mir die Zeitung gegeben hat.) (Das ist die Frau, die mir die Zeitung gegeben hat.) (Das sind die Jungen, die mir die Zeitung gegeben haben.) (Das sind die Frauen, die mir die Zeitung gegeben haben.)

Das Relativpronomen als Subjekt heißt immer *qui*.

2. Das Relativpronomen als direktes Objekt des Relativsatzes

Das Objekt heißt **que** oder **qu'**	*Singular* Quel est l'appartement **que** tu préfères (**qu'**il préfère)? Quelle est la maison **que** tu préfères (**qu'**il préfère)? *Plural* Quels sont les meubles **que** tu préfères (**qu'**il préfère)? Quelles sont les voitures **que** tu préfères (**qu'**il préfère)?	(Welche Wohnung ziehst du [zieht er] vor?) (Welches Haus ziehst du [zieht er] vor?) (Welche Möbel ziehst du [zieht er] vor?) (Welche Wagen ziehst du [zieht er] vor?)

Das Relativpronomen als Objekt heißt *que* (oder *qu'* vor Vokal und stummem *h*), gleichgültig, ob es sich auf ein Substantiv im Singular oder Plural, männlich oder weiblich bezieht.

3. Das Relativadverb où

Orts-/ Zeitangabe	Voilà la maison **où je suis né**.	(Hier ist das Haus, in dem ich geboren wurde.)
	C'était le soir où j'étais chez vous.	(Das war der Abend, an dem ich bei Euch war.)

Das relativische *où* (*dt.* an dem, in dem usw.) leitet eine Orts- oder Zeitangabe ein.

4. Das Relativpronomen mit Präposition

a.	bei Personen: **qui**	Voilà la jeune fille **avec qui** je sors souvent.	(Das ist das junge Mädchen, mit dem ich oft ausgehe.)
		Voilà la dame **à qui** j'ai parlé.	(Das ist die Dame, mit der ich gesprochen habe.)
b.	bei Sachen: **lequel, laquelle**	Voilà la lettre **à laquelle** il faut répondre tout de suite.	(Hier ist der Brief, der sofort beantwortet werden muß.)
	lesquels, lesquelles	Voilà les lettres **auxquelles** il faut répondre tout de suite.	(Hier sind die Briefe, die sofort beantwortet werden müssen.)
		C'est un film **auquel** je m'intéresse beaucoup.	(Das ist ein Film, für den ich mich sehr interessiere.)
		Voilà le timbre **pour lequel** j'ai dépensé tant d'argent.	(Hier ist die Marke, für die ich soviel Geld ausgegeben habe.)
		Voilà les timbres **pour lesquels** j'ai dépensé tant d'argent.	(Hier sind die Marken, für die ich soviel Geld ausgegeben habe.)

Das Relativpronomen

c. ■ Bei Personen und Sachen: *dont*

dont
(= *de*
+ Relativpronomen)

Singular
Voilà la maison **dont** je rêve.
Voilà le jeune homme **dont** elle rêve.

Plural
Voilà les livres **dont** j'ai besoin.
Voilà les cartes **dont** j'ai parlé.

(Hier ist das Haus, von dem ich träume.)
(Das ist der junge Mann, von dem sie träumt.)

(Das sind die Bücher, die ich brauche.)
(Das sind die Karten, von denen ich sprach.)

Die Präposition / das Verhältniswort (la préposition)

Bedeutung von Präpositionen

Situation	Äußerung	Bedeutung
Jean wird gefragt, wohin er fährt. Er antwortet:	»**A** Paris.« (Nach Paris.)	eine Richtung angeben
Sie suchen ein bestimmtes Hotel und fragen einen Passanten; er antwortet:	»**En face de** la gare.« (Gegenüber vom Bahnhof.)	einen Ort angeben
Gisela fragt, wann Pierre heimgekommen sei; er antwortet:	»**A** 4 heures.« (Um vier Uhr.)	einen Zeitpunkt angeben
Der Junge fragt, warum er sein Geld denn sparen solle; Vater antwortet:	»Tu en as besoin **pour** ton voyage.« (Du brauchst es für deine Reise.)	die Bestimmung / den Zweck angeben

Formen und Gebrauch der Präpositionen

à

1. Il est/Il va **à** Paris.   (Er ist in Paris/fährt nach Paris.)
   Il est/Il va **aux** Etats-Unis.   (in den/in die Vereinigten Staaten.)
   Ländernamen s. S. 31

(à)

Il est/Il va **à l'**école. (Er ist in der/geht in die Schule.)
Il est/Il va **au** bureau. (Er ist im/geht ins Büro.)
Il est/Il va **à la** gare. (Er ist auf dem/geht zum Bahnhof.)
Il est/Il va **à la** banque. (Er ist auf der/geht zur Bank.)

2. Qui est **à l'**appareil? (Wer ist am Apparat?)

3. **à** dix heures (um 10 Uhr)
   à midi (mittags)
   à minuit (um Mitternacht)
   Uhrzeiten s. S. 55
   au printemps (im Frühling)
   aber: *en été, en automne, en hiver*
   (s. *en* S. 109).
   au mois de mai (im Mai)

4. C'est **à** vous. (Das gehört Ihnen/euch.)
   (Sie sind/ihr seid an der Reihe.)

   C'est **à** Pierre. (Das gehört Pierre.)
   (Pierre ist an der Reihe.)

5. La maison est **à** lui. (Das Haus gehört ihm.)
   La maison est **à** Jean. (Das Haus gehört Jean.)

6. **A** votre santé / **A** la vôtre! (Auf ihr Wohl!)

7. J'écris une lettre **à** Gisèle. (Ich schreibe Gisèle einen Brief.)
   Verb und seine Ergänzung s. S. 171

(à)

8. à côté (daneben, nebenan)
   à droite (rechts)
   à gauche (links)
   Adverbiale Ausdrücke s. S. 197

9. C'est facile à comprendre. (Das ist leicht zu verstehen.)
   C'est difficile à vendre. (Das ist schwer zu verkaufen.)
   vgl. **de** S. 107

10. Il y va à bicyclette. (Er fährt mit dem Rad hin.)
    Il y va à pied. (Er geht zu Fuß hin.)

11. la salle à manger (das Eßzimmer)
    la chambre à coucher (das Schlafzimmer)
    ■ une brosse à dents (eine Zahnbürste) ■
    une boîte **aux** lettres (ein Briefkasten)
    □ le stylo à bille (der Kugelschreiber) □

12. J'ai mal **à la** tête. (Ich habe Kopfschmerzen.)
    J'ai mal **aux** dents. (Ich habe Zahnschmerzen.)

13. Il roule **à** 100 à l'heure. (Er fährt mit 100 Stundenkilometern.)

14. à tout à l'heure (bis gleich)
    à demain (bis morgen)

15. à dix kilomètres d'ici (10 km von hier)
    ■ C'est très aimable à vous/à lui. (Das ist sehr liebenswürdig von Ihnen/ □
    von ihm.)

Die Präposition

(à)	17. ■ à l'entendre, . . .	(Wenn man ihn hört, . . .) ■
	à le voir, on pourrait croire que . . .	(Wenn man ihn sieht, könnte man meinen, daß . . .)
	18. un homme **à** l'air sérieux	(ein Mann mit ernstem Gesicht)
	une jeune fille **aux** cheveux blonds ■	(ein junges Mädchen mit blonden Haaren) ■
après	1. **après**	
	après dix heures	(nach zehn Uhr)
	après minuit	(nach Mitternacht)
	après vous/lui	(nach Ihnen/ihm)
	l'un **après** l'autre	(einer nach dem anderen)
	2. ■ **après** + **Infinitiv**	■
	Après avoir fait sa visite, il est rentré.	(Nachdem er seinen Besuch gemacht hatte, ging er wieder nach Hause.)
	3. **d'après**	
	☐ **d'après** le règlement	(nach, gemäß, laut Ordnung) ☐
■ **au-dessous de**	**au-dessous de** zéro	(unter Null) ■
☐ **au-dessus de**	**au-dessus de** zéro	(über Null) ☐
■ **auprès de**	**auprès de** ma blonde	(bei/neben meiner schönen Blonden) ■
■ **autour de**	Les gens **autour de** lui rient.	(Die Leute um ihn herum lachen.) ☐

avant	1. **avant**	
	avant une heure	(vor eins/vor ein Uhr)
	Je vais arriver **avant** mon frère.	(Ich werde vor meinem Bruder ankommen.)
	avant tout	(vor allem)
	2. ■ **avant de . . . + Infinitiv**	
	☐ Venez me voir **avant de** partir.	(Besuchen Sie mich, bevor Sie abreisen.) ☐
avec	Je viendrai **avec** mon frère.	(Ich komme mit meinem Bruder.)
	Je viendrai **avec** mes bagages.	(Ich komme mit meinem Gepäck.)
	avec plaisir	(mit Vergnügen, gerne)
	Et **avec** cela, Madame?	(Und außerdem noch? / Und was darf es dann noch sein?)
	■ **avec** l'aide de son frère	(mit Hilfe seines Bruders) ■
	aber: *traduire à l'aide d'un dictionnaire* ☐	(mit einem/mit Hilfe eines Wörterbuchs übersetzen) ☐
■ **en bas de**	**en bas de** la page	(unten auf der Seite) ■
☐ **au bout de**	**au bout de** deux heures	(nach [Ablauf von] zwei Stunden) ☐
à cause de	**à cause de** la pluie	(wegen des Regens)
chez	Elle va **chez** lui.	(Sie geht zu ihm.)
	Elle est **chez** lui.	(Sie ist bei ihm.)
	chez les Français	(bei den Franzosen)
	je suis **chez** moi	(ich bin daheim)

contre	Je suis **contre** cette solution.	(Ich bin gegen diese Lösung.)
	◨ Elle a changé ses pantalons **contre** une jupe.	(Sie hat ihre Hosen gegen einen Rock getauscht.) ◨
	◨ s'assurer **contre** la maladie	(s. gegen Krankheit versichern) ◨
à côté de	**à côté de** la gare	(neben dem Bahnhof)
■ **de l'autre côté de**	**de l'autre côté de** la rue	(auf/von der anderen Seite der Straße; auf die andere Seite der Straße) ■
du côté de ☐	**du côté de** la gare	(in Richtung Bahnhof; in der Nähe des Bahnhofs) ☐
dans	1. **dans** une heure	(in/nach Ablauf einer Stunde)
	Il rentrera **dans** deux semaines.	(Er fährt in zwei Wochen wieder nach Hause.)
	Je reviendrai **dans** un moment.	(Ich komme gleich wieder.)
	2. **dans** ces conditions	(unter diesen Bedingungen)
	3. **dans** la rue (**aber:** *sur la route*)	(auf der Straße)
	dans la chambre	(im/auf dem Zimmer, in das Zimmer)
	■ **dans** la cour	(auf dem Hof) ■
	dans l'escalier	(auf der Treppe)
	dans le ciel	(am Himmel)
	dans ce domaine	(auf diesem Gebiet)
	4. boire **dans** une tasse	(aus einer Tasse trinken)
	☐ boire **dans** un verre	(aus einem Glas trinken) ☐

de

1. le livre **de** mon frère　　　　　(das Buch meines Bruders)
   le train **de** Paris　　　　　　　(der Zug von/aus/nach Paris)
   la ville **de** Paris　　　　　　　(die Stadt Paris)
   le chemin **de** la gare　　　　　(der Weg zum Bahnhof)
   la carte **d'**identité　　　　　　(der Personalausweis)

2. un litre **de** vin rouge　　　　　(ein Liter Rotwein)
   beaucoup **d'**enfants　　　　　　(viele Kinder)
   beaucoup **de** jeunes gens　　　(viele junge Leute)

3. **des** chaussures　　　　　　　　(Schuhe)
   des jeunes gens　　　　　　　 (junge Leute)
   de la bière　　　　　　　　　　(Bier)
   du beurre　　　　　　　　　　　(Butter)
   unbestimmter Artikel und Teilungsartikel s. S. 14

4. Je viens **de** Paris.　　　　　　(Ich komme aus/von Paris.)
   Je viens **de** France.　　　　　 (Ich komme aus/von Frankreich.)
   Je viens **du** Japon.　　　　　　(Ich komme aus/von Japan.)
   Ländernamen s. S. 30
   Robert est **de** Cologne.　　　　(Robert ist von/aus Köln.)
   D'où venez-vous?　　　　　　　(Woher kommen Sie?)
   Je viens **de** chez moi.　　　　 (Ich komme von zu Hause.)
   Le groupe rentre **de** l'étranger.　(Die Gruppe kommt aus dem Ausland zurück.)

(de)

5. Il n'est pas facile **de** comprendre cela. (Das ist nicht leicht zu verstehen.)
   Vgl. **à** Abschnitt 9.
   Infinitiv s. S. 135.

6. Elle fait **du** camping. (Sie zeltet.)
   Elle fait **du** sport. (Sie treibt Sport.)
   Elle fait **de la** musique. (Sie musiziert.)
   ■ Elle fait **du** ski. (Sie fährt Ski.) ■

7. ■ personne **d'**autre (niemand anders) ■
   rien **de** plus (nichts mehr)

8. **de** cette manière ⎫
   de cette façon ⎭ (auf diese Weise)
   d'une façon élégante (auf elegante Art und Weise)

9. **d'**un côté . . . **de** l'autre (einerseits . . . andererseits)
   de l'autre côté **de la** rue (auf/von der anderen Seite der Straße; auf die andere Seite der Straße)
   du côté **de la** gare (in Richtung Bahnhof, in der Nähe des Bahnhofs)

10. **d'**un bout à l'autre (Von einem Ende bis zum anderen)
    du début à la fin (von Anfang bis zum Ende)

11. Je n'ai pas travaillé **de** toute la journée. (Ich habe den ganzen Tag nicht gearbeitet.)
    □ □

■ **en dehors de**	**en dehors de** la ville	(außerhalb der Stadt)
depuis	**depuis** 10 heures	(seit 10 Uhr)
derrière	**derrière** l'arbre marcher **derrière** qn	(hinter dem Baum) (hinter jmdm. gehen)
devant	**devant** l'église	(vor der Kirche)
à droite de	**à droite de** la gare	(rechts vom Bahnhof)
en	1. Il est **en** France. Il va **en** France. Il est **en** Angleterre. Il va **en** Angleterre. *s.* **Ländernamen** S. 30	(Er ist in Frankreich.) (Er fährt nach Frankreich.) (Er ist in England.) (Er fährt nach England.)
	2. **en** été **en** hiver **en** automne **aber:** *au printemps,* s. **à** (S. 102). **en** février **en** avril **en** 1986	(im Sommer) (im Winter) (im Herbst) (im Frühling) (im Februar) (im April) (1986, im Jahre 1986)
	3. Il a appris cela **en** deux heures. Il a fait le travail **en** cinq jours. aujourd'hui **en** huit	(Das hat er in zwei Stunden gelernt.) (Die Arbeit hat er in fünf Tagen gemacht.) (heute in acht Tagen)

(en)

4. Il y va **en** bateau. (Er fährt mit dem Schiff dahin.)
   Il est venu **en** voiture. (Er ist mit dem Wagen gekommen.)

5. Dites-le **en** français. (Sagen Sie es auf französisch.)
   Il m'écrit **en** allemand. (Er schreibt mir auf deutsch.)

6. **En** rentrant, j'ai rencontré mon ami. (Auf dem Heimweg habe ich meinen Freund getroffen.)

   Il a retrouvé sa voiture **en** s'adressant à la police. (Er hat seinen Wagen dadurch wiedergefunden, daß er sich an die Polizei gewandt hat.)
   Gerundium s. S. 138.
   en attendant (inzwischen)

7. ■ La boîte est **en** bois. (Die Dose ist aus Holz.) ■
   La boîte est **en** métal. (Die Dose ist aus Metall.)

8. Il a agi **en** ami. (Er hat als Freund gehandelt.)
   ☐ Il a agi **en** collègue. (Er hat als Kollege gehandelt.) ☐

9. Il est **en** quatrième. (Er ist in der Quarta/in der 7. Klasse.)

entre

1. Je l'ai rencontré **entre** Paris et Lyon. (Ich habe ihn zwischen Paris und Lyon getroffen.)

2. Il viendra **entre** 4 et 5 heures. (Er wird zwischen 4 und 5 Uhr kommen.)

3. ■ **entre** autres (unter anderem) ■

4. la plupart d'**entre** eux }
   ☐ la plupart d'**entre** elles } (die meisten von ihnen) ☐

en face de	en face du château	(gegenüber dem/vom Schloß)
à gauche de	à gauche de la banque	(links von der Bank)
■ grâce à	grâce à votre aide	(dank Ihrer Hilfe)
■ en haut de	en haut de la page	(oben auf der Seite)
il y a	il y a deux semaines	(vor zwei Wochen)
jusque/jusqu'...	jusqu'à demain	(bis morgen)
	jusqu'à vendredi	(bis Freitag)
	jusqu'au 15 janvier	(bis zum 15. Januar)
	jusqu'au printemps	(bis zum Frühjahr)
	jusqu'à la mi-août	(bis Mitte August)
	jusqu'en 1988	(bis 1988)
	jusqu'en bas	(bis unten)
	jusqu'en Chine	(bis China)
	jusque chez lui	(bis zu ihm nach Hause)
	jusque chez elle	(bis zu ihr nach Hause)
	jusqu'aujourd'hui	(bis heute)
	jusqu'où?	(bis wohin?)
	jusqu'ici	(bis hier)
loin de	Ce n'est pas loin d'ici.	(Das ist nicht weit von hier.)
■	Elle est loin d'être belle.	(Sie ist alles andere als schön.)
☐ le long de	le long de la Seine	(an der Seine entlang)

par	1. Il est recherché **par** la police. (Er wird von der Polizei gesucht.) **Passiv** s. S. 129.
	2. Il est passé **par** Paris. (Er ist über Paris gefahren.) Il est passé **par** Lyon. (Er ist über Lyon gefahren.) Nous sommes venus **par** Lyon. (Wir sind über Lyon gekommen.) Il regarde **par** la fenêtre. (Er sieht aus dem Fenster.) Il jette la lettre **par** la fenêtre. (Er wirft den Brief aus dem Fenster.) Il est descendu **par** l'ascenseur. (Er ist mit dem Fahrstuhl hinuntergefahren.) Il est venu **par** le train. (Er ist mit dem Zug gekommen.) Il est venu **par** la route. (Er ist mit dem Wagen gekommen.)
	3. **par** exemple (zum Beispiel) **par** exprès (durch Eilboten) tomber **par** terre (auf die Erde/den Boden fallen) **par** conséquent (folglich, infolgedessen)
	4. **par** beau temps (bei schönem Wetter) **par** mauvais temps (bei schlechtem Wetter) **par** cette chaleur (bei dieser Hitze)
	5. Il y va une fois **par** jour. (Er geht einmal am Tag/pro Tag hin.) Il y va une fois **par** semaine. (Er geht einmal in der Woche hin.) Il y va une fois **par** an. (Er geht einmal im/pro Jahr hin.)
parmi	**Parmi** eux, il y a beaucoup de Français. (Unter ihnen sind viele Franzosen.) C'est un exemple **parmi** cent autres. (Das ist ein Beispiel unter hundert anderen.)
de la part de	Je vous remets cette lettre **de la part de** M. Dupont. (Ich übergebe Ihnen diesen Brief im Auftrag von Herrn Dupont.)
☐ **à partir de**	**à partir** de demain (von morgen an)

pendant	**pendant** toute l'année	(während des ganzen Jahres)
pour	1. C'est **pour** vous.	(Das ist für Sie.)
	C'est **pour** lui.	(Das ist für ihn.)
	Je suis **pour** Saint-Etienne.	(Ich bin für Saint-Etienne.)
	2. le train **pour** Paris	(der Zug nach Paris)
	Il est parti **pour** Lyon.	(Er ist nach Lyon gefahren.)
	3. ■ C'est **pour** cela que je suis venu.	(Gerade deswegen bin ich gekommen.) ■
	Je travaille **pour** le plaisir.	(Ich arbeite zum Vergnügen.)
	4. une fois **pour** toutes	(ein für alle Mal)
	5. dix **pour** cent/10 **pour** 100	(zehn Prozent; 10%)
	6. Il est assez intelligent **pour** comprendre cela.	(Er ist intelligent genug, das verstehen zu können.)
	Il est trop fatigué **pour** travailler.	(Er ist zu müde, um zu arbeiten.)
	☐ **Pour** expliquer cela, . . .	(Um das zu erklären, . . .) ☐
(tout) **près de**	Il habite **près de** la gare.	(Er wohnt beim Bahnhof.)
■ **à propos de**	**à propos de** votre lettre	(was Ihren Brief angeht) ■
☐ **quant à**	**Quant à** lui, il ne viendra pas.	(Was ihn angeht, so wird er nicht kommen.) ☐

sans	**sans** moi, **sans** lui	(ohne mich, ohne ihn)
	sans argent, **sans** but	(ohne Geld, ohne Ziel)
	sans ses affaires	(ohne seine Sachen)
	sans manger; **sans** travailler	(ohne zu essen; ohne zu arbeiten)
	sans doute	(sicherlich)
	sans aucun doute	(ohne Zweifel)
■ **selon**	**selon** la loi	(gemäß/nach dem Gesetz) ■
sous	**sous** la table	(unter dem/den Tisch)
sur	1. Le livre se trouve **sur** la table.	(Das Buch liegt auf dem Tisch.)
	sur la route (**aber:** *dans la rue*)	(auf der Straße)
	2. Je n'ai pas d'argent **sur** moi.	(Ich habe kein Geld bei mir.)
	3. ■ un homme **sur** dix, **sur** 100	(Ein Mann unter/von zehn, hundert; jeder zehnte, hundertste.) ☐
■ **travers**	J'ai couru **à travers** la ville.	(Ich bin durch die Stadt gelaufen.) ☐
vers	1. **vers** une heure [vɛryn] – **vers** minuit	(gegen ein Uhr – gegen Mitternacht)
	2. ■**vers** le nord, **vers** Paris	(nach Norden, nach Paris zu) ■
	Descendez **vers** la Seine et vous trouverez le magasin à droite. ☐	(Gehen Sie zur Seine hinunter und Sie finden das Geschäft auf der rechten Seite.) ☐

Unterscheide besonders folgende Präpositionen:				
	avant 1 h	(vor 1 Uhr)	**il y a** une heure	(vor einer Stunde)
	avant minuit	(vor Mitternacht)	**devant** l'église	(vor der Kirche)
	après minuit	(nach Mitternacht)	**derrière** l'église	(hinter der Kirche)
	en deux heures	(in/innerhalb von zwei Stunden)	**dans** deux heures	(in/nach Ablauf von zwei Stunden)
	entre deux frères	(unter, zwischen)	■ **parmi** mes amis	(unter, zwischen) ■
	sous la table	(unter dem Tisch)	**au-dessous de** la table	(unterhalb des Tisches)
	sur la table	(auf dem Tisch)	☐ **au-dessus de** la table	(über dem Tisch) ☐

Das Verb / das Tätigkeitswort (le verbe)

Bedeutung des Tempus

1. Tempus

Situation	Äußerung	Bedeutung
Jean fragt nach dem Verbleib seines Freundes Pierre.	»Il **a été** employé de banque, il **a quitté** son poste à Lyon, il **fait** ses études à Paris, il **sera** docteur.« (Er war Bankangestellter, er hat seine Stellung in Lyon aufgegeben, er studiert in Paris, er wird Arzt.)	ein Geschehen/einen Zustand zeitlich einordnen

Tempusformen des Verbs

1.1. Das Präsens/die Gegenwart *(le présent)*

Der Gebrauch des Präsens entspricht in den Grundstrukturen weitgehend dem deutschen Präsens.

Form des Präsens

Je **cherche** mon frère.   (Ich suche meinen Bruder.)
Il **finit** son travail.   (Er beendet seine Arbeit.)
Ils **vendent** la maison.   (Sie verkaufen das Haus.)

1.2. Das Passé récent

Gebrauch des Passé récent

Das Passé récent bezeichnet einen Vorgang der unmittelbaren Vergangenheit.

Form des Passé récent

Je **viens de** lui **téléphoner**. (Ich habe ihn soeben angerufen.)
Il **vient de rentrer**. (Er ist gerade nach Hause gekommen.)

> Das Passé récent wird gebildet aus dem Präsens von *venir + de* und dem Infinitiv.

1.3. Das Perfekt/die vollendete Gegenwart *(le passé composé)*

Gebrauch des Perfekts

Il **est parti** à quatre heures. (Er ist um vier Uhr fortgegangen.)
Tu **as trouvé** la poste? (Hast du die Post gefunden?)

L'idée m'**est venue** de boire un coup. (Mir kam der Gedanke, ein Gläschen zu trinken.)

Je **suis allé** au café en face, j'**ai bu** une bonne bière, ensuite j'**ai mangé** un sandwich. (Ich bin ins Café gegenüber gegangen, ich habe ein gutes Bier getrunken, dann habe ich ein Sandwich gegessen.)

Vers onze heures je **suis rentré**. (Gegen 11 Uhr bin ich nach Hause gegangen.)

> Das Perfekt bezeichnet eine abgeschlossene Handlung (oder eine Handlungsserie). So dient es z. B. zur Bezeichnung aufeinanderfolgender Handlungen, ferner zur Bezeichnung von Vorgängen, die als abgeschlossen angesehen werden, sowie zur Bezeichnung einer begrenzten Reihe von Vorgängen.

Das Verb

Form des Perfekts	Il **a cherché** son stylo.	(Er hat seinen Kugelschreiber gesucht.)
	Elle **est rentrée.**	(Sie ist zurückgekommen.)
	Ils **ont fini.**	(Sie haben Schluß gemacht.)
	J'**ai vendu** la voiture.	(Ich habe den Wagen verkauft.)

Die Form setzt sich zusammen aus dem Präsens von *avoir* bzw. *être* und dem Partizip.

Zum Gebrauch von *avoir* und *être:* s. **Hilfsverben,** S. 140.
Zur **Übereinstimmung** des **Partizips,** S. 132.

1.4. Das Imperfekt / die Vergangenheit *(l'imparfait)*

Gebrauch des Imperfekts in Hauptsätzen	Parfois Madame Jolivet s'**amusait** à parler de ses enfants. »Quand nous **étions** encore en France, les enfants **aimaient** faire du camping. Un jour nous **étions** chez des amis à la campagne, sur un très beau terrain de camping. Tout à coup j'ai vu que . . .«	(Manchmal hatte Madame Jolivet ihren Spaß daran, von ihren Kindern zu erzählen. „Als wir noch in Frankreich waren, mochten die Kinder gerne Camping machen. Eines Tages waren wir bei Freunden auf dem Lande, auf einem sehr schönen Campingplatz. Plötzlich sah ich, daß . . .")

Das Imperfekt bezeichnet eine vergangene Handlung (oder Handlungsserie) als nicht abgeschlossen, also z. B. eine Gewohnheit, einen Zustand, eine nicht ausdrücklich abgeschlossene Reihe von Handlungen. Das Imperfekt kann den Hintergrund schildern, vor dem sich eine einzelne, abgeschlossene Handlung abspielt: »*Tout à coup* (*dt.* plötzlich) . . .«; *vgl.* das **Passé composé/Perfekt,** S. 117.

– **in abhängiger Rede:** s. indirekte Rede, S. 126.
– **in Bedingungssätzen:** s. Bedingungssätze, S. 124.

Form des Imperfekts	Je **cherchais** mon frère. Elle **rentrait**. Je **finissais** mon travail. Il **était** à Paris.	(Ich suchte meinen Bruder.) (Sie war auf dem Heimweg.) (Ich beendete meine Arbeit.) (Er hielt sich in Paris auf.)

Das Imperfekt ist immer (außer bei *être*) ableitbar von der 1. Person Plural des Präsens, z. B.: *nous* **part***ons* – *je part***ais**

1.5. ■ Das Plusquamperfekt / die vollendete Vergangenheit *(le plus-que-parfait)*

Gebrauch des Plusquamperfekts	Il m'a dit qu'il **avait été** malade. Je n'ai pas osé rentrer parce que j'**avais perdu** le porte-monnaie.	(Er sagte mir, daß er krank gewesen sei.) (Ich wagte nicht, nach Hause zu gehen, weil ich das Portemonnaie verloren hatte.)

Das Plusquamperfekt bezeichnet eine Handlung, die vorzeitig zur Vergangenheitshandlung liegt.

s. **indirekte Rede,** S. 126.

Form des Plusquamperfekts	J'**étais** déjà **descendu**. Il **avait rencontré** un ami.	(Ich war schon hinuntergegangen.) (Er hatte einen Freund getroffen.)

Das Plusquamperfekt wird aus dem Imperfekt von *avoir* bzw. *être* und dem Partizip gebildet.

Zum Gebrauch von *avoir* und *être:* s. **Hilfsverben,** S. 140.
☐ Zur Übereinstimmung des Partizips: s. **Partizip,** S. 132.

1.6. Das Passé simple

| a. | Gebrauch des passé simple |

Aus dem Sportbericht einer französischen Tageszeitung: Das Tennisspiel zwischen Borg und dem französischen Meister Noah hatte schon 1½ Stunden gedauert. »Le numéro un français menait alors par un set à zéro; l'exploit dont il rêvait restait possible. Malheureusement il **perdit** ses deux balles d'égalisation.

Ce **fut** le tournant du match: Noah **perdit** un peu de sa confiance et **relâcha** légèrement la pression qui lui avait permis de mener souvent le jeu. Ce **fut** suffisant pour Borg de se régler et de s'imposer par 6–3, 6–3.«

(Das war die Wende des Spiels: Noah verlor ein wenig von seinem Selbstvertrauen und lockerte ein wenig den Druck, der es ihm erlaubt hatte, oft den Spielverlauf zu gestalten. Das war hinreichend für Borg, sich zu fangen und sich mit 6:3, 6:3 durchzusetzen.)

(Le Figaro, 9 septembre 1981, p. 23: Michel Artiglia: Noah, question de confiance.)

Das Passé simple bezeichnet einen (ausdrücklich) abgeschlossenen Vorgang der Vergangenheit; er antwortet auf die Frage „Und was geschah dann?"

Der Gebrauch des Passé simple ist im wesentlichen auf die Schriftsprache beschränkt. Dort gehört es der „gehobenen" Sprache an; in persönlichen Briefen, in denen es um alltägliche Dinge geht, findet es sich nicht, wohl aber z. B. in Zeitungsberichten vieler Art. Das Leseverstehen dieser Textsorten setzt die Kenntnis des Passé simple voraus; in der Mehrzahl der Fälle genügt die passive Kenntnis der 3. Person Singular und Plural.

Quand il **fut rentré**, il se **mit** à faire ses devoirs.

(Als er nach Hause gekommen war, machte er sich an seine Hausaufgaben.)

Dem Passé simple entspricht für die Vorvergangenheit das Passé antérieur; für diese Form (Passé simple + Partizip) gelten die gleichen Beschränkungen des Gebrauchs wie für das Passé simple.

b. **Form des Passé simple**

Il **chercha** ses clés. (Er suchte seine Schlüssel.)
Elle **entra**. (Sie kam herein.)
Ils **finirent** leur travail. (Sie beendeten ihre Arbeit.)

☐ Siehe die Beschreibung der **Verbformen**, S. 143 f.

1.7. Das Futur composé (die unmittelbare Zukunft)

Gebrauch des Futur composé

In der alltäglichen Umgangssprache ist das Futur composé die gängige Form zum Ausdruck einer zukünftigen Handlung, die oft unmittelbar bevorsteht.

Form des Futur composé

Je **vais** lui **écrire**. (Ich werde ihm schreiben.)
Il **va rentrer**. (Er wird zurückkommen.)

Das Futur composé wird gebildet aus dem Präsens von *aller* und dem Infinitiv.

1.8. Das Futur simple / die Zukunft *(le futur simple)*

Gebrauch des Futur simple

Das Futur (futur simple) bezeichnet eine zukünftige Handlung; es ist in der alltäglichen Umgangssprache nicht so häufig wie das Futur composé.

Form des Futur simple

Je le chercher**ai**. (Ich werde ihn suchen.)
Elle rentre**ra**. (Sie wird zurückkommen.)

Die Form ist meist ableitbar im

Geschriebenen:	Infinitiv + **-ai**
	-as
	-a usw.
z. B.:	je chercher**ai**, tu chercher**as**, il cherchera...
Gesprochenen:	Stamm + /**re**/, /**ra**/, /**ra**/ oder:
	/**e**/, /**a**/, /**a**/
z. B.:	[ʒəʃɛrʃ**re**] [tyʃɛrʃ**ra**]

1.9. ■ Das 2. Futur / die 2. Zukunft *(le futur antérieur)*

Gebrauch des 2. Futurs

Das 2. Futur bezeichnet eine in der Zukunft abgeschlossene Handlung.

Form des 2. Futurs	Quand je reviend**rai,** il **sera** parti.	(Wenn ich zurückkomme, wird er fort/abgereist sein.)
	Quand tu reviend**ras,** j'**aurai** terminé le travail.	(Wenn du wiederkommst, werde ich die Arbeit fertig haben.)

Das 2. Futur wird gebildet aus dem Futur simple von *avoir* bzw. *être* + Partizip.

Zum Gebrauch von *avoir* und *être:* s. **Hilfsverben,** S. 140.
☐ Zur Übereinstimmung des Partizips: s. **Partizip,** S. 132.

1.10. Das Konditional / die Bedingungsform *(le conditionnel)*

Gebrauch und Bedeutung des Konditionals

Situation	Äußerung	Bedeutung
Pierre weiß nicht genau, ob seine Freundin wirklich kommen kann. Jean sagt zu ihm:	»Tu **devrais** téléphoner.« (Du solltest telefonieren.)	einen Ratschlag geben
Der Quizmaster fragt einen Kandidaten:	»Que **feriez-**vous avec un million de francs?« (Was würden Sie mit einer Million Franken machen?)	die Möglichkeit ausdrücken
In der Zeitung steht:	»Le Président de la République **aurait** quitté New York ce matin.« (Der Präsident der Republik soll New York heute morgen verlassen haben.)	die Wahrscheinlichkeit ausdrücken
Pierre ist enttäuscht, daß Gisèle nicht mit ihm ins Kino gegangen ist. Er sagt zu ihr:	»J'**aurais** bien **aimé** voir ce film.« (Ich hätte diesen Film gerne gesehen.)	einen unerfüllten Wunsch ausdrücken

| Form des Konditional | Qu'est-ce qu'il **dirait**? S'il ne venait pas, je **resterais** à la maison. | (Was würde er sagen?) (Wenn er nicht käme, bliebe ich zu Hause.) |

Die Form des Konditional ist meist ableitbar

im Geschriebenen: z. B.: **im Gesprochenen:** z. B.:	aus dem Infinitiv + **-ais, -ais, -ait** usw. je rester**ais** aus dem Stamm + /rɛ/, /rɛ/, /rɛ/ oder: /ɛ/, /ɛ/, /ɛ/ usw. [ʒərɛstərɛ]

Die Form des **2. Konditional** setzt sich zusammen aus dem Konditional von *avoir* bzw. *être* + Partizip, z. B.:

avoir bzw. **être + Partizip**	S'il avait fait beau, je me **serais promené**. Si elle n'était pas venue, j'**aurais fait** une excursion.	(Wenn schönes Wetter gewesen wäre, wäre ich spazierengegangen.) (Wenn sie nicht gekommen wäre, hätte ich einen Ausflug gemacht.)

Zum Gebrauch von *avoir* und *être:* s. **Hilfsverben,** S. 140.
Zur Übereinstimmung des Partizips: s. **Partizip,** S. 132.
Zum Gebrauch des **Konditional in Bedingungssätzen** mit *si:* s. S. 125.

1.11. Bedingungssätze mit si:

a.	**erfüllte oder erfüllbare Bedingung**	S'il fait beau, je viens.	(Wenn [= unter der Bedingung, daß] schönes Wetter ist, komme ich.)

Hier wird die Bedingung als erfüllt oder erfüllbar angesehen.

ebenso:	Je vais rentrer chez moi, **si** elle ne vient pas.	(Ich gehe nach Hause, wenn sie nicht kommt.)
	S'il a trouvé le livre, je vais le lire.	(Wenn er das Buch gefunden hat, werde ich es lesen.)

Merke: im *si*-Satz (*dt.* wenn) steht kein Futur.

b. **unerfüllte oder unerfüllbare Bedingung**   S'il faisait beau, je viendrais.   (Wenn schönes Wetter wäre, würde ich kommen. [Aber leider regnet es.])

Hier wird die Bedingung als unerfüllt oder unerfüllbar angesehen.

Ebenso: **Si** j'avais cent mille francs, j'irais en voyage.   (Wenn ich 100.000 Francs hätte, würde ich auf Reisen gehen.)

Hier steht im *si*-Satz das Imperfekt, im Hauptsatz das Konditional; die bezeichneten Vorgänge liegen in der Gegenwart oder Zukunft.

Merke: Im *si*-Satz (*dt.* wenn) steht kein Konditional.

c. Liegen die bezeichneten Vorgänge in der Vergangenheit, verwendet man im *si*-Satz: das Plusquamperfekt, im Hauptsatz: das 2. Konditional.

Vergangenheitsformen:	**S'**il avait fait beau, je serais venu(e).	(Wenn das Wetter schön gewesen wäre, wäre ich gekommen.)
	Si elle n'était pas venue, je serais maintenant à Paris.	(Wenn sie nicht gekommen wäre, wäre ich jetzt in Paris.)

Merke: Im *si*-Satz (*dt.* wenn) steht kein Konditional.

1.12. Gebrauch der Verbformen in der indirekten Rede *(le discours indirect)*

Gebrauch und Bedeutung der Verbformen

Situation	Äußerung	Bedeutung
Peter hat mit François telephoniert und berichtet jetzt von dem Telefonat:	»François m'a dit qu'il ne **viendrait** pas.« (François hat mir gesagt, daß er nicht komme.)	Wörtliche Rede wiedergeben

Form der Verben

Die Abhängigkeit wird im Deutschen i. a. durch den Konjunktiv ausgedrückt, im Französischen dagegen nicht.
Beispiele für den Gebrauch der Verbformen in indirekter Rede:

			Hauptsatz	Nebensatz (= abhängiger Satz)	
a.	Hauptsatz:	Präsens oder Futur	Il dit (er sagt,		
	Nebensatz:	gleichzeitig (Präsens)		qu'il est malade.	er sei krank.)
		vorzeitig (Imperfekt/ Perfekt)		qu'il a travaillé hier. qu'il ne pouvait pas venir.	er habe gestern gearbeitet.) daß er nicht habe kommen können.)
		nachzeitig (Futur)		qu'il viendra / va venir.	daß er kommen wird.)

b.	Haupt-satz:	Perfekt, Imperfekt oder ein anderes Tempus der Vergangenheit	Il a dit (er sagte,		
	Neben-satz:	gleichzeitig (Imperfekt)		qu'il était malade.	daß er krank sei/war.)
		vorzeitig (Plusquam-perfekt)		qu'il avait payé avant de partir.	daß er vor seiner Abreise bezahlt habe/hatte.)
				qu'il n'avait pas pu venir.	daß er nicht hatte/habe kommen können.)
		nachzeitig (Konditional I)		qu'il viendrait.	daß er kommen würde.)

2. Der Konjunktiv/die Möglichkeitsform *(le subjonctif)*

Bedeutung des Konjunktivs

Der Konjunktiv hat im allgemeinen keine eigene Bedeutung im Französischen; seine Verwendung wird durch Auslöser (z. B. *il faut que, je voudrais que* usw.) nötig, die ihrerseits Bedeutung haben, z. B.:

Situation	Äußerung	Bedeutung
Sie wollen Pierre noch nicht gehen lassen; er antwortet:	»Il faut **que je parte**.« (Ich muß fort.)	Notwendigkeit ausdrücken →

(Forts. Tabelle)

Ihr Fußballclub hat verloren.	»Je voudrais **qu'ils aient** gagné.« (Ich wünschte, sie hätten gewonnen.)	Wunsch ausdrücken
Sie freuen sich über den Besuch Yvonnes.	»Je suis content **que vous soyez** venue avec toute la famille.« (Ich freue mich, daß Sie mit der ganzen Familie gekommen sind.)	Gefühl äußern
Peter ist pessimistisch.	»Je ne crois pas **qu'elle vienne**.« (Ich glaube nicht, daß sie kommt.)	Zweifel ausdrücken

Formen des Konjunktivs

| Präsens | Il faut **que tu partes.** (*von* partir)
 Je ne veux pas **qu'il vienne** (*von* venir)
 ■ Maman a peur **que je sois** malade. (*von* être) | (Du mußt abreisen.)
 (Ich will nicht, daß er kommt.)
 (Mutter fürchtet, daß ich krank bin.) ☐ |

Formen: s. **Verben,** S. 143 f.

| Vergangenheit | ■ J'ai peur **que tu l'aies** perdu. (*von* avoir)
 J'ai peur **qu'elle soit** déjà descendue. (*von* ☐ descendre) | (Ich fürchte, du hast ihn verloren.) ■
 (Ich fürchte, sie ist schon hinuntergegangen.) ☐ |

Gebrauch des Konjunktivs

Der Konjunktiv steht vor allem **nach folgenden Auslösern:**		
	il faut que	(es ist nötig/man muß)
	je ne veux pas que	(nicht wollen, daß)
	je ne crois pas que	(nicht glauben, daß)
	■ vouloir que	(wollen, daß) ■
	pour que	(damit)
	avoir peur que	(Angst haben/befürchten)
	☐ avant que	(bevor) ☐

■ être heureux/content que	(sich freuen, daß) ■	
aimer que	(es gerne mögen, daß)	
il semble que	(es scheint, daß)	
il est nécessaire que	(es ist nötig, daß)	
bien que	(obwohl)	
il est impossible que	(es ist unmöglich, daß)	
préférer que	(vorziehen, daß)	
supposer que	(annehmen, daß)	
sans que	(ohne daß)	
jusqu'à ce que	(bis)	
à condition que	(unter der Bedingung, daß)	
désirer que	(wünschen, daß)	
■ ne pas dire que	(nicht sagen, daß) ■	

3. Das Passiv/die Leideform *(la voix passive)*

Gebrauch und Bedeutung

Das Passiv ist in der täglichen französischen Umgangssprache recht selten, es wirkt dort schwerfällig. Man greift gerne zu anderen Ausdrucksweisen, besonders:

on + Aktiv	**On** parle français.	(Hier wird französisch gesprochen.)

rückbezügliche Form	Ce journal **se lit** beaucoup.	(Diese Zeitung wird viel gelesen.)
	Cela ne **se fait** pas.	(Das macht man nicht.)
	Cela ne **se dit** pas.	(Das sagt man nicht.)
Beispiele für die Anwendung des Passivs:	La lettre a **été écrite** par Jean.	(Der Brief wurde von Jean geschrieben.)
	■ Chaque fois, j'**ai été reçu** avec la même question.	(Ich wurde jedesmal mit der gleichen Frage empfangen.) ■
	■ Le garçon **a été vu** par deux automobilistes.	(Der Junge wurde von zwei Autofahrern gesehen.) ■
	Cette machine **a** déjà **été utilisée.** ■	(Diese Maschine ist schon gebraucht worden.) ■

Formen des Passivs

	être	+	Partizip		
Beaucoup de clés	**sont**		**trouvées**	chaque jour.	(Viele Schlüssel werden täglich gefunden.)
La lettre	**a été**		**envoyée**	par un ami.	(Der Brief ist von einem Freund geschickt worden.)
■ L'annonce	**avait été**		**trouvée**	dans France-Soir.	(Die Anzeige hatte man in France-Soir gefunden.) ■
J'aimerais ■	**être**		**reçu(e)**	par votre patron.	(Ich würde gerne von Ihrem Chef empfangen werden.) ■

Das Passiv wird gebildet aus *être* + Partizip.

4. Zusammenfassungen zu einzelnen Formen des Verbs

4.1. Das Partizip / das Mittelwort *(le participe)*

Gebrauch des Partizips

Das Partizip dient zur Bildung verschiedener Verbformen:

Passiv	Le projet **est accepté.**	(Das Projekt ist angenommen.)
Passé composé	Il **a accepté.**	(Er hat angenommen.)
2. Konditional	J'**aurais accepté.**	(Ich hätte angenommen.)
■ **2. Futur**	Tu **auras accepté.**	(Du wirst angenommen haben.)
☐ **Plusquamperfekt**	Tu **avais accepté.**	(Du hattest angenommen.)

Formen des Partizips				
	J'ai **accepté.**	(Ich habe angenommen.)	Il est **rentré.**	(Er ist zurückgekehrt.)
	On a beaucoup **ri.**	(Wir haben viel gelacht.)	C'est **fini.**	(Damit ist Schluß.)
	Nous avons **vendu** la maison.	(Wir haben das Haus verkauft.)	Elle s'était **perdue.**	(Sie hatte sich verloren.)
	Papa a **conduit.**	(Papa ist gefahren.)	Les pommes sont **cuites.**	(Die Äpfel sind gekocht.)

Formen des Partizips s. **auch Verben,** S. 143 f.

Übereinstimmung des Partizips

Das Partizip wird in bestimmten Fällen verändert, und zwar:

a. Das mit *avoir* verbundene Partizip wird verändert, wenn ein direktes Objekt vorausgeht; es richtet sich in Numerus und Genus nach dem vorausgehenden direkten Objekt (**direktes/indirektes Objekt** s. S. 76 und 169):

Objekt ist:		
1. Personalpronomen:	Vous avez vu mes enfants? – Je ne **les** ai pas vus.	(Ich habe sie nicht gesehen.)
2. Fragewort:	**Quel** programme a été accept**é**?	(Welches Programm wurde angenommen?)
3. Relativpronomen:	Quelle est la voiture **que** vous avez répar**ée**?	(Welches Auto haben Sie repariert?)

Das vorangehende direkte Objekt kann ein Personalpronomen (1), ein Fragewort (2) oder ein Relativpronomen (3) sein.

Beachte: »Je *vous ai donné* l'argent, Gisèle.« (Ich habe Ihnen das Geld gegeben, Gisèle.)

Hier bleibt das Partizip unverändert, da *vous* indirektes Objekt ist.

b. Das Partizip, das mit *être* verbunden ist (außer bei reflexiven Verben), richtet sich wie ein Adjektiv nach dem Subjekt:

être + Partizip i.a.	Gisèle est descendu**e**. Il**s** sont allé**s** à Paris.	(Gisèle ist hinuntergegangen.) (Sie sind nach Paris gefahren.)

Das Partizip reflexiver Verben richtet sich nach dem Reflexivpronomen, wenn dieses direktes Objekt ist:

reflexiver Gebrauch	Gisèle: »Je **me** suis inform**ée**.« Elle **s'**est inform**ée**. Gisèle et Madeleine: »Nous **nous** sommes bien amus**ées**.« Il**s** **se** sont arrêt**és** en chemin. »Vous ne **vous** êtes dout**ée** de rien, Mademoiselle?«	(Ich habe mich informiert.) (Sie hat sich erkundigt.) (Wir waren sehr lustig.) (Sie haben unterwegs angehalten.) (Haben Sie nichts geahnt?)

Aber: Gisèle s'est lavé les mains.

> *s'/se* ist hier indirektes Objekt – also bleibt das Partizip unverändert.

c. Die Veränderung des Partizips wirkt sich zumeist nur in der geschriebenen Sprache aus; **hörbar** wird die Veränderung u. a. bei folgenden Partizipien:

couvert – couver**te**	(*von* couvrir = bedecken)		
dit – di**te**	(*von* dire = sagen)	assis – assi**se**	(*von* s'asseoir = sich setzen)
écrit – écri**te**	(*von* écrire = schreiben)	mort – mor**te**	(*von* mourir = sterben)
éteint – étein**te**	(*von* éteindre = löschen)	peint – pein**te**	(*von* peindre = malen)
fait – fai**te**	(*von* faire = machen)	permis – permi**se**	(*von* permettre = erlauben)
mis – mi**se**	(*von* mettre = setzen, stellen)	plaint – plain**te**	(*von* plaindre = beklagen)
pris – pri**se**	(*von* prendre = nehmen)	craint – crain**te**	(*von* craindre = sich fürchten)
promis – promi**se**	(*von* promettre = versprechen)		

4.2. Der Infinitiv / die Grundform *(l'infinitif)*

Gebrauch des Infinitivs

Der Infinitiv ergänzt:			
– ein Verb	Vouz pouvez	**venir.**	(Sie können kommen.)
	Il commence à	**pleuvoir.**	(Es beginnt zu regnen.)
	On décide de	**partir.**	(Es wird beschlossen abzufahren.)
– ein Adjektiv	Il est prêt à	**partir.**	(Er ist bereit abzureisen.)
	Il est facile d'	**apprendre** le français.	(Es ist leicht, Französisch zu lernen.)
– ein Substantiv	Tu as le temps d'	**aller** au cinéma?	(Hast du Zeit, ins Kino zu gehen?)
– einen Satz	Il se lave sans	**se dépêcher.**	(Er wäscht sich, ohne sich zu beeilen.)

Die Form des Infinitivs

Neben dem Infinitiv, wie er in diesen Beispielen verwendet wird, gibt es den Infinitiv der Vergangenheit / der Vorzeitigkeit:

■ Infinitiv der Vergangenheit/Vorzeitigkeit			
	Il est parti	après **avoir appris** la nouvelle.	(nach Erhalt der Nachricht.)
	Je suis tombé	après **être descendu** du train.	(nachdem ich aus dem Zug ausgestiegen war.)
	Il semble	**avoir compris.**	(Er scheint verstanden zu haben.)

☐ Dieser Infinitiv wird gebildet aus *avoir* bzw. *être* mit dem Partizip Perfekt. ☐

Zur Wahl von *avoir* und *être:* s. **Hilfsverben,** S. 140.
Zur Übereinstimmung des Partizips: s. **Partizip,** S. 132.

Die folgende Übersicht zeigt, auf welche Weise Verben, Substantive und Adjektive sich mit Infinitiven verbinden. Vgl. zu den folgenden Listen die Einzeldarstellungen wichtiger **Verben,** S. 172.)

a. Der Infinitiv ohne Präposition

nach Verben: z. B.		Elle **aime** voyager.		(Sie reist gerne.)	

aimer	(lieben, gerne tun)	■ aimer mieux	(lieber mögen) ■	☐ croire	(glauben) ☐
aller	(gehen, u. a.)	désirer	(wünschen)	entendre	(hören)
pouvoir	(können)	devoir	(müssen)	faire	(machen, lassen)
préférer	(vorziehen)	espérer	(hoffen)	paraître	(scheinen)
savoir	(wissen, können)	il faut	(es ist nötig)	il vaut mieux	(es ist besser)
vouloir	(wollen)	laisser	(lassen)	☐ venir	(kommen) ☐
		oser	(wagen)		
		☐ sembler	(scheinen) ☐		

b. Der Infinitiv mit *de*

1. **nach Verben:** z. B.		Il **a promis de** venir.		(Er hat versprochen zu kommen.)	

accepter	(annehmen)	■ il s'agit	(es geht darum) ■	☐ accuser qn	(anklagen) ☐
s'arrêter	(aufhören)	commencer	(anfangen)	cesser	(aufhören)
conseiller à qn	(raten)	continuer	(fortfahren, weitermachen)	se contenter	(sich zufriedengeben)
décider	(entscheiden)				
demander à qn	(bitten, fordern)	défendre à qn	(verbieten)	interdire à qn	(untersagen)
dire à qn	(sagen, beauftragen)	se dépêcher	(sich beeilen)	menacer qn	(drohen)
		empêcher qn	(hindern)	☐ reprocher à qn	(vorwerfen) ☐
essayer	(versuchen)	être en train de	(dabei sein)		
finir	(aufhören)	s'excuser	(sich entschuldigen)		
s'occuper	(sich damit beschäftigen)				
		☐ éviter	(vermeiden) ☐		

(Infinitiv mit de)

promettre	(versprechen)	oublier	(vergessen)		
venir	(soeben etw. getan haben)	permettre à qn	(erlauben)		
		prier qn	(bitten)		
		proposer	(vorschlagen)		
		refuser	(sich weigern)		
		regretter	(bedauern)		
		risquer	(wagen)		
		☐ il suffit	(es genügt)		☐

2. nach Adjektiven: z. B. Je suis **content de** vous voir. (Ich freue mich, Sie zu sehen.)

content	(zufrieden)	capable	(fähig)	☐ il est agréable	(es ist angenehm) ☐
il est difficile	(es ist schwierig)	il est impossible	(es ist unmöglich)		
enchanté	(begeistert)	il est nécessaire	(es ist nötig)	il est commode	(es ist bequem)
il est facile	(es ist leicht)	☐ obligé	(verpflichtet) ☐	il est interdit	(es ist verboten)
heureux	(glücklich)			loin	(weit davon entfernt)
				reconnaissant	(dankbar)
				☐ il est utile	(es ist nützlich) ☐

3. nach Substantiven: z. B. J'ai **envie d'**aller au cinéma. (Ich habe Lust, ins Kino zu gehen.)

avoir envie	(Lust haben)	le bonheur	(das Glück)	☐ avoir pour but	(zum Ziel haben) ☐
l'intention	(die Absicht)	prendre la décision	(den Entschluß fassen)	faire mine	(so tun, als ob)
la peine	(die Mühe)	le devoir	(die Pflicht)	il n'est pas question	(es geht nicht darum) ☐
avoir peur	(Angst haben)	le droit	(das Recht)		
le pouvoir	(die Macht)	l'idée	(der Gedanke)		
☐ le temps	(die Zeit) ☐	☐ le moyen	(das Mittel) ☐		

c. Der Infinitiv mit *à*

1. **nach Verben:** z. B.	Tu **m'aides à** réparer la voiture?	(Hilfst du mir, das Auto zu reparieren?)

aider qn.	(helfen)	apprendre	(erfahren, lernen)	arriver	(gelingen, dahin gelangen)
s'amuser	(seinen Spaß daran haben)	s'attendre	(erwarten)	chercher	(versuchen)
avoir à	(müssen)	se décider	(sich entschließen)	se mettre	(anfangen)
commencer	(anfangen)	être décidé	(entschlossen sein)	penser	(daran denken)
		demander	(verlangen)	tenir	(Wert darauf legen)
continuer	(fortfahren)	s'habituer	(sich daran gewöhnen)		
inviter	(einladen)	hésiter	(zögern)		
		réussir	(Erfolg haben, gelingen)		

2. **nach Adjektiven:** z. B.	C'est **difficile à** faire.	(Das ist schwer zu machen.)

difficile	(schwer)
facile	(leicht)
prêt	(bereit)

d. Der Infinitiv mit anderen Präpositionen

z. B.: Il a fait cela **pour** m'aider.	(Er hat das getan, um mir zu helfen.)

pour	(um zu, damit)
après	(nach, nachdem)
avant de	(bevor, vor)
sans	(ohne)

4.3. Das Gerundium *(le gérondif)*

Bedeutung des Gerundiums

Situation	Äußerung	Bedeutung
Mme Dubois schreibt ihrer Freundin von ihren Kindern.	»**En travaillant,** Pierre écoute toujours des disques.« (Während der Arbeit hört Pierre immer Platten.)	Gleichzeitigkeit ausdrücken
Gisèle fragt einen Polizisten nach dem Weg.	»L'agent m'a répondu en montrant le chemin sur le plan de la ville.« (Der Polizist antwortete mir, indem er mir den Weg auf dem Stadtplan zeigte.)	Art und Weise ausdrücken

Form des Gerundiums

Die Form kann abgeleitet werden von der 1. Person Plural des Präsens: *nous* arriv*ons* – *en* arriv*ant*; *en* + *-ant*, gesprochen: [ã (n) + -ã].

Ableitung: 1. Person Plural Präsens: *en* + *-ant*	nous *arriv*ons nous le *finiss*ons nous *fais*ons du sport	**en** arriv**ant** **en** le finiss**ant** **en** fais**ant** du sport	(*von* arriver = ankommen) (*von* finir = beenden) (*von* faire = machen)
■ **Merke:** avoir être □ savoir	nous avons nous sommes nous savons	aber: **en** ayant **en** étant **en** sachant	(*von* avoir = haben) (*von* être = sein) (*von* savoir = wissen)

5. Übereinstimmung des Verbs

a. | **Das Verb richtet sich i. a. nach dem Subjekt**

1. Pierre entre. (Peter kommt herein.) Pierre et Jean entrent. (Peter und Hans kommen herein.)
2. On entre? (Treten wir ein?) Vous entrez? (Treten Sie ein?)
3. Tu es rentré, Jean? (Bist du wieder zu Hause, Jean?) Tu es rentrée, Janine? (Bist du wieder zu Hause, Janine?)

Das Verb richtet sich in Zahl (1.), Person (2.) und Genus (3.) nach dem Subjekt.

Zur **Übereinstimmung des Partizips** vgl. S. 132.

b. | **Besonderheiten im Relativsatz**

C'est Pierre **qui** te l'**a** dit? (Hat Peter es dir gesagt?)
C'est vous **qui l'avez** perdu? (Haben Sie es verloren?)
C'est moi **qui suis** arrivé le premier. (Ich bin als erster angekommen.)

Das Verb richtet sich auch im Relativsatz in der Person nach dem Beziehungswort (Pierre, vous, moi); im Deutschen dagegen heißt es: Ich bin es, der angekommen ist (also: 3. Person); ebenso: Ihr seid es, die als erste davon erfahren haben oder: ... die ihr als erste davon erfahren habt.

c. | **tout le monde**

Tout le monde partira au mois de juillet. (Im Juli verreisen alle.)

Der Ausdruck *tout le monde* verlangt, daß das Verb im Singular steht.

| d. | ■ un grand nombre; la plupart | **Un grand nombre** de touristes préf**èrent** les montagnes.
La plupart des employés travaill**ent** 35 heures par semaine. | (Eine große Zahl von Touristen zieht die Berge vor.)
(Die meisten Angestellten arbeiten 35 Stunden in der Woche.) |

□ Bei unbestimmten Zahlenangaben wie *un grand nombre* und *la plupart* richtet sich das Verb nach der Ergänzung (d. h., nach dem folgenden Substantiv). □

e. □ **Il** res**te** quel**ques** question**s.** (Es bleiben einige Fragen.) □

□ Wenn das Subjekt *il* ist, steht das Verb im Singular (auch wenn man vom Deutschen her den Plural erwartet). □

6. Hilfsverben

Das Perfekt, das Plusquamperfekt und andere Verbformen setzen sich aus einem Hilfsverb + Partizip zusammen.

6.1. *être* **wird verwendet bei folgenden Verben (wie im Deutschen):**

mit être:		
rester	Je **suis resté** à Caen.	(Ich bin in Caen geblieben.)
aller	Vous n'**êtes** jamais **allés** à Caen?	(Sind Sie niemals nach Caen gefahren?)
arriver	Nous **sommes arrivés** il y a quinze jours.	(Wir sind vor 14 Tagen angekommen.)
venir	Elle **est venue.**	(Sie ist gekommen.)
entrer	Elle **est entrée.**	(Sie ist eingetreten.)
monter	Il **est monté.**	(Er ist hinaufgekommen.)

(Verben mit être)		
partir	Ils **sont partis**.	(Sie sind abgereist.)
sortir	Elles **sont sorties**.	(Sie sind fortgegangen.)
rentrer	Ils **sont rentrés**.	(Sie sind heimgekommen.)
retourner	Elle **est retournée** à Paris.	(Sie ist nach Paris zurückgekehrt.)
descendre	Elle **est descendue**.	(Sie ist hinuntergegangen.)
naître	Elle **est née** à Paris.	(Sie wurde in Paris geboren.)
■ mourir	Il **est mort** en 1850.	(Er ist 1850 gestorben.)

Ferner bei **reflexiven** Verben	Ils **se sont** bien **amusés**.	(Sie haben sich gut amüsiert.)

6.2. *avoir* **wird bei allen anderen Verben verwendet.**

Merke besonders im Gegensatz zum Deutschen:

mit avoir:		
marcher	Il **a marché** toute la journée.	(Er ist den ganzen Tag marschiert.)
suivre	Elle m'**a suivi**.	(Sie ist mir gefolgt.)
■ courir	Il **a couru**.	(Er ist gelaufen.)
nager	Elle **a nagé**.	(Sie ist geschwommen.)
☐ voler	Elles **ont volé** très haut.	(Sie sind sehr hoch geflogen.)
■ échapper	Ils **ont échappé**.	(Sie sind entkommen.)

6.3. Wechselnder Gebrauch von *avoir* und *être*

Einige Verben weisen zwei verschiedene Strukturen auf:

	être *(Verb ohne direktes Objekt)*		**avoir** *(Verb mit direktem Objekt)*	
descendre	Elle **est** descend**ue**.	(Sie ist hinuntergegangen.)	Elle **a** descendu la valise.	(Sie hat den Koffer hinuntergebracht.)
monter	Elle **est** mont**ée**.	(Sie ist hinaufgegangen.)	Elle **a** monté les bagages.	(Sie hat das Gepäck hinaufgebracht.)
sortir	Ils **sont** sorti**s**.	(Sie sind fortgegangen.)	Ils **ont** sorti la voiture du garage.	(Sie haben den Wagen aus der Garage geholt.)

▯ Bei *passer* ändert sich ebenfalls die Bedeutung (s. S. 184): ▯

être + passé	Il **est** passé par Paris.	(Er ist über Paris gekommen.)
	Les vacances **sont** passées.	(Die Ferien sind vorbei.)

Gelegentlich mit *avoir* (zum Ausdruck des Vorganges):

avoir + passé ▯	Les vacances **ont** passé trop vite.	(Die Ferien sind zu schnell vergangen.)
	Il **a** passé la frontière à Kehl.	(Er ist bei Kehl über die Grenze gefahren.) ▯

Anmerkung

Modale Hilfsverben sind:	**aller** faire qc.	(etw. tun werden)	**pouvoir** faire qc.	(etw. tun können)
	venir faire qc.	(kommen, um etw. zu tun)	**vouloir** faire qc.	(etw. tun wollen)
			devoir faire qc.	(etw. tun müssen)
	venir de faire qc.	(soeben etw. getan haben)	**savoir** faire qc.	(etw. tun können)

7. „Regelmäßige" Verben: Formen

7.1. CHERCHER (suchen) z. B. Je cherche l'hôtel. (Ich suche das Hotel.)

Präsens	je cherche tu cherches il cherche nous cherchons vous cherchez ils cherchent	(ich suche) ⎱ [ʃɛrʃ] ⎰ [ʃɛrʃɔ̃] [ʃɛrʃe] [ʃɛrʃ]
Subjonctif	que je cherche que tu cherches qu'il cherche que nous cherchions que vous cherchiez qu'ils cherchent	(daß ich suche) ⎱ [ʃɛrʃ] ⎰ [ʃɛrʃjɔ̃] [ʃɛrʃje] [ʃɛrʃ]
Imperativ	cherche cherchons (laßt uns suchen) cherchez (sucht!/suchen Sie!)	[ʃɛrʃ] (such!) [ʃɛrʃɔ̃] [ʃɛrʃe]
Perfekt	j'ai cherché tu as cherché il a cherché nous avons cherché vous avez cherché ils ont cherché	(ich habe gesucht)
Imperfekt	je cherchais tu cherchais il cherchait nous cherchions vous cherchiez ils cherchaient	(ich suchte) ⎱ [ʃɛrʃɛ] ⎰ [ʃɛrʃjɔ̃] [ʃɛrʃje] [ʃɛrʃɛ]
■ **Passé simple**	il chercha (er suchte) ils cherchèrent	[ʃɛrʃa] [ʃɛrʃɛːr] □
Futur composé	je vais chercher	(ich werde suchen)
Futur simple	je chercherai (ich werde suchen) tu chercheras il cherchera nous chercherons vous chercherez ils chercheront	[ʃɛrʃre] ⎱ ⎰ [ʃɛrʃra] [ʃɛrʃrɔ̃] [ʃɛrʃre] [ʃɛrʃrɔ̃]
Konditional	je chercherais tu chercherais il chercherait nous chercherions vous chercheriez ils chercheraient	(ich würde suchen) ⎱ [ʃɛrʃrɛ] ⎰ [ʃɛrʃərjɔ̃] [ʃɛrʃərje] [ʃɛrʃrɛ]

Besonderheiten der Schreibung

Einige Verben, die wie *chercher* konjugiert werden (d. h. Verben auf *-er*), weisen folgende Besonderheiten der Schreibung auf:

a. Verben auf *-eter* (z. B. *jeter*) und *-eler* (z. B. *appeler*) verdoppeln den Konsonanten *t* bzw. *l* in den Formen, in denen der Stammvokal [ɛ] gesprochen wird:

| -eler | j'appelle [ʒapɛl] | j'appellerai [ʒapɛlre] | **aber:** nous appelons [nuzaplõ] |
| -eter | je jette [ʒəʒɛt] | je jetterai [ʒəʒɛtre] | **aber:** nous jetons [nuʒtõ] |

b. Statt der Verdoppelung des Konsonanten findet sich bei folgenden Verben ein accent grave über dem Stammvokal:

acheter	j'achète	j'achèterai	**aber:** nous achetons
lever	je me lève	je me lèverai	**aber:** nous nous levons
mener	je mène	je mènerai	**aber:** nous menons

> S. in der folgenden Verbliste s. 168 die Verben *amener, emmener, enlever, se promener;* dazu treten Verben, bei denen nicht *e* zu *è* wechselt, sondern *é* zu *è (espérer, répéter, préférer)* (hier ist anzumerken, daß im Futur und Konditional das *é* erhalten bleibt; *préférer: je préfère, je préférerais).*

c. Besonderheiten der Schreibung und z. T. auch der Aussprache weisen ferner die Verben auf *-oyer, -uyer, -ayer* auf: *y* vor ausgesprochenem Vokal, *i* vor stummem *e*.

-oyer	je nettoie	je nettoierai	**aber:** nous nettoyons
	■ j'emploie	j'emploierai	**aber:** nous employons ☐
-uyer	☐ j'essuie	j'essuierai	**aber:** nous essuyons ☐

■ S. auch in der folgenden Liste der Verben *envoyer* (mit einer abweichenden Bildung im Futur und Konditional). Doppelformen haben die Verben *payer* und *essayer* (siehe Liste), z. B.: *payer: je paye/je paie* usw. ☐

d. Entsprechend ihrer Aussprache [ʒ] bzw. [s] weisen Verben auf *-ger* und *-cer* folgende Besonderheiten in der Schreibung auf:

-ger	je mange	nous mangeons	il mangea
-cer	je commence	nous commençons	il commença

Also *ge* bzw. *ç* vor *a* und *o*; *g* bzw. *c* vor *e* und *i*.

Anmerkung: In der 3. Person Singular aller Verben wird bei Nachstellung des Pronomens ein *-t-* eingeschoben, wenn die Verbform nicht bereits auf *-t* (oder *-d*) endet: *Cherche*-**t**-*il* ...? *cherchera*-**t**-*il* ...? **Aber:** *Cherchait-il* ...?

7.2. FINIR (beenden)   z. B. Je finis de travailler.
(Ich höre auf zu arbeiten.)

Präsens	je finis tu finis il finit nous finissons vous finissez ils finissent	[fini] [finisɔ̃] [finise] [finis]
Subjonctif	que je finisse (daß ich aufhöre) que tu finisses qu'il finisse que nous finissions que vous finissiez qu'ils finissent	[finis] [finisjɔ̃] [finisje] [finis]
Imperativ	finis (hör auf!) finissons (laßt uns aufhören) finissez	[fini] [finisɔ̃] [finise]
Perfekt	j'ai fini (ich habe aufgehört) tu as fini il a fini nous avons fini vous avez fini ils ont fini	
Imperfekt	je finissais (ich hörte auf) tu finissais il finissait nous finissions vous finissiez ils finissaient	[finisɛ] [finisjɔ̃] [finisje] [finisɛ]
■ **Passé simple**	il finit (er hörte auf) ils finirent	[fini] [fini:r] □
Futur composé	je vais finir (ich werde aufhören)	
Futur simple	je finirai (ich werde aufhören) tu finiras il finira nous finirons vous finirez ils finiront	[finire] [finira] [finirɔ̃] [finire] [finirɔ̃]
Konditional	je finirais (ich würde aufhören) tu finirais il finirait nous finirions vous finiriez [finirje] ils finiraient	[finirɛ] [finirjɔ̃] [finirɛ]

Anmerkung: Eine beschränkte Anzahl von Verben hat keine *-iss*-Erweiterung (vgl. *je finis*, aber *nous finissons*). Dazu gehören: *dormir, s'endormir, partir, sentir, servir, sortir* (s. Liste der Verben unter 8.)

7.3. VENDRE (verkaufen) z. B. **Je vends** la maison. (Ich verkaufe das Haus.)

Präsens	je **vends** [vɑ̃] tu **vends** il **vend** nous **vendons** [vɑ̃dɔ̃] vous **vendez** [vɑ̃de] ils **vendent** [vɑ̃:d]	
Subjonctif	que je **vende** (daß ich verkaufe) [vɑ̃:d] que tu **vendes** qu' il **vende** que nous **vendions** [vɑ̃djɔ̃] que vous **vendiez** [vɑ̃dje] qu'ils **vendent** [vɑ̃:d]	
Imperativ	**vends** (verkauf!) [vɑ̃] **vendons** (laßt uns verkaufen) [vɑ̃dɔ̃] **vendez** [vɑ̃de]	
Perfekt	j'**ai vendu** (ich habe verkauft) tu **as vendu** il **a vendu** nous **avons vendu** vous **avez vendu** ils **ont vendu**	
Imperfekt	je **vendais** (ich verkaufte) [vɑ̃dɛ] tu **vendais** il **vendait** nous **vendions** [vɑ̃djɔ̃] vous **vendiez** [vɑ̃dje] ils **vendaient** [vɑ̃dɛ]	
■ **Passé simple**	il **vendit** (er verkaufte) [vɑ̃di] ils **vendirent** [vɑ̃di:r]	□
Futur composé	je **vais vendre** (ich werde verkaufen)	
Futur simple	je **vendrai** (ich werde verkaufen) [vɑ̃dre] tu **vendras** [vɑ̃dra] il **vendra** nous **vendrons** [vɑ̃drɔ̃] vous **vendrez** [vɑ̃dre] ils **vendront** [vɑ̃drɔ̃]	
Konditional	je **vendrais** (ich würde verkaufen) [vɑ̃drɛ] tu **vendrais** il **vendrait** nous **vendrions** [vɑ̃drjɔ̃] vous **vendriez** [vɑ̃drje] ils **vendraient** [vɑ̃drɛ]	

Anmerkung: Verben auf *-re* im Infinitiv haben in der 3. Person Singular i. a. die Endung *-t* (z. B. *il rompt*), außer wenn der Stamm auf *-d* oder *-t* endet: *il vend, il bat*.

8. „Unregelmäßige" Verben: Formen

	ALLER (gehen) Je **vais** au bureau. (Ich gehe ins Büro.)	**S'EN ALLER** (weggehen) Je m'en **vais.** (Ich gehe weg.)	**APPELER** (rufen) J'**appelle** le médecin. (Ich rufe den Arzt.)
Präsens	Je vais tu vas il va nous allons vous allez ils vont	je m'en vais tu t'en vas il s'en va nous nous en allons vous vous en allez ils s'en vont	j'appelle tu appelles il appelle nous appelons vous appelez ils appellent
Subjonctif	que j'aille que tu ailles qu'il aille que nous allions que vous alliez qu'ils aillent	que je m'en aille	que j'appelle que tu appelles qu'il appelle que nous appelions que vous appeliez qu'ils appellent
Imperativ	va, **aber:** vas-y allez	va-t'en allez-vous-en	appelle appelez
Perfekt	je suis allé(e)	je m'en suis allé(e)	j'ai appelé
Imperfekt	j'allais	je m'en allais	j'appelais
■ **Passé simple**	il alla ils allèrent	il s'en alla ils s'en allèrent	il appela ils appelèrent
Futur simple	j'irai	je m'en irai	j'appellerai
Konditional	j'irais	je m'en irais	j'appellerais

	S'ASSEOIR (sich setzen) **Asseyez**-vous. (Setzen Sie sich.)	oder:
Präsens	je m'assieds tu t'assieds il s'assied nous nous asseyons vous vous asseyez ils s'asseyent	je m'assois tu t'assois il s'assoit nous nous assoyons vous vous assoyez ils s'assoient
Subjonctif	que je m'asseye que tu t'asseyes qu'il s'asseye que nous nous asseyions que vous vous asseyiez qu'ils s'asseyent	que je m'assoie que tu t'assoies qu'il s'assoie que nous nous assoyions que vous vous assoyiez qu'ils s'assoient
Imperativ	assieds-toi asseyez-vous	assois-toi assoyez-vous
Perfekt	je me suis assis(e)	
Imperfekt	je m'asseyais	je m'assoyais
■ **Passé simple**	il s'assit ils s'assirent ☐	
Futur simple	je m'assiérai	je m'assoirai
Konditional	je m'assiérais	je m'assoirais

	AVOIR (haben) J'**ai** une voiture. (Ich hab einen Wagen.)	■ **BATTRE** (schlagen) Je **bats** Jean au ping-pong. (Ich schlage Jean im Tischtennis.)	☐
Präsens	j'ai tu as il a nous avons vous avez ils ont	je bats tu bats il bat nous battons vous battez ils battent	
Subjonctif	que j'aie que tu aies qu'il aie que nous ayons que vous ayez qu'ils aient	que je batte que tu battes qu'il batte que nous battions que vous battiez qu'ils battent	
Imperativ	aie ayez	bats battez	
Perfekt	j'ai eu	j'ai battu	
Imperfekt	j'avais tu avais il avait nous avions vous aviez ils avaient	je battais	
■ Passé simple	il eut ils eurent	il battit ils battirent	☐
Futur simple	j'aurai tu auras il aura nous aurons vous aurez ils auront	je battrai	
Konditional	j'aurais tu aurais il aurait nous aurions vous auriez ils auraient	je battrais	

	BOIRE (trinken) Je **bois** de l'eau. (Ich trinke Wasser.)	■ **BOUILLIR** kochen ☐ L'eau **bout**. (Das Wasser kocht.)	**CONNAÎTRE** (kennen) Je **connais** ce plan. (Ich kenne diesen Plan.)
Präsens	je bois tu bois il boit nous buvons vous buvez ils boivent	l'eau bout	je connais tu connais il connaît nous connaissons vous connaissez ils connaissent
Subjonctif	que je boive que tu boives qu'il boive que nous buvions que vous buviez qu'ils boivent		que je connaisse que tu connaisses qu'il connaisse que nous connaissions que vous connaissiez qu'ils connaissent
Imperativ	bois buvez		
Perfekt	j'ai bu	elle a bouilli	j'ai connu
Imperfekt	je buvais	elle bouillait	je connaissais
■ **Passé simple**	il but ils burent		il connut ils connurent ☐
Futur simple	je boirai		je connaîtrai
Konditional	je boirais		je connaîtrais

	COURIR (laufen) Il aime **courir**. (Er läuft gerne.)	**CRAINDRE** (fürchten) Je **crains** la pluie. (Ich fürchte den Regen.)	**CROIRE** (glauben) Je **crois** ma secrétaire. (Ich glaube meiner Sekretärin.)
Präsens	je cours tu cours il court nous courons vous courez ils courent	je crains tu crains il craint nous craignons vous craignez ils craignent	je crois tu crois il croit nous croyons vous croyez ils croient
Subjonctif	que je coure que tu coures qu'il coure que nous courions que vous couriez qu'ils courent	que je craigne que tu craignes qu'il craigne que nous craignions que vous craigniez qu'ils craignent	que je croie que tu croies qu'il croie que nous croyions que vous croyiez qu'ils croient
Imperativ	cours courez	crains craignez	crois croyez
Perfekt	j'ai couru	j'ai craint	j'ai cru
Imperfekt	je courais	je craignais	je croyais
Passé simple	il courut ils coururent	il craignit ils craignirent	il crut ils crurent
Futur simple	je courrai	je craindrai	je croirai
Konditional	je courrais	je craindrais	je croirais

	◨ CUEILLIR (pflücken) ◨ Je **cueille** des pommes. (Ich pflücke Äpfel.)	DEVOIR (müssen, sollen) Je **dois** partir. (Ich muß abfahren.)	DIRE (sagen) Je **dis** la vérité. (Ich sage die Wahrheit.)
Präsens	je cueille tu cueilles il cueille nous cueillons vous cueillez ils cueillent	je dois tu dois il doit nous devons vous devez ils doivent	je dis tu dis il dit nous disons vous dites ils disent
Subjonctif	que je cueille que tu cueilles qu'il cueille que nous cueillions que vous cueilliez qu'ils cueillent	que je doive que tu doives qu'il doive que nous devions que vous deviez qu'ils doivent	que je dise
Imperativ	cueille cueillez		dis dites
Perfekt	j'ai cueilli	j'ai dû partir	j'ai dit
Imperfekt	je cueillais	je devais	je disais
◼ **Passé simple**	il cueillit ils cueillirent	il dut ils durent	il dit ils dirent
Futur simple	je cueillerai	je devrai	je dirai
Konditional	je cueillerais	je devrais	je dirais

Das Verb 153

	DORMIR (schlafen) Je **dors** bien. (Ich schlafe gut.)	**ÉCRIRE** (schreiben) J'**écris** une lettre. (Ich schreibe einen Brief.)	◨ **EMMENER** (mitnehmen) ◨ J'**emmène** ton ami. (Ich nehme deinen Freund mit.)
Präsens	je dors tu dors il dort nous dormons vous dormez ils dorment	j'écris tu écris il écrit nous écrivons vous écrivez ils écrivent	j'emmène tu emmènes il emmène nous emmenons vous emmenez ils emmènent
Subjonctif	que je dorme	que j'écrive que tu écrives qu'il écrive que nous écrivions que vous écriviez qu'ils écrivent	que j'emmène que tu emmènes qu'il emmène que nous emmenions que vous emmeniez qu'ils emmènent
Imperativ	dors dormez	écris écrivez	emmène emmenez
Perfekt	j'ai dormi	j'ai écrit	j'ai emmené
Imperfekt	je dormais	j'écrivais	j'emmenais
■ **Passé simple**	il dormit ils dormirent	il écrivit ils écrivirent	il emmena ils emmenèrent ◻
Futur simple	je dormirai	j'écrirai	j'emmènerai
Konditional	je dormirais	j'écrirais	j'emmènerais

	■ **EMPLOYER** (benutzen) ☐ J'**emploie** un dictionnaire. (Ich benutze ein Wörterbuch.)	**ENVOYER** (schicken) J'**envoie** un chèque. (Ich schicke einen Scheck.)
Präsens	j'emploie tu emploies il emploie nous employons vous employez ils emploient	j'envoie tu envoies il envoie nous envoyons vous envoyez ils envoient
Subjonctif	que j'emploie que tu emploies qu'il emploie que nous employions que vous employiez qu'ils emploient	que j'envoie que tu envoies qu'il envoie que nous envoyions que vous envoyiez qu'ils envoient
Imperativ	emploie employez	envoie envoyez
Perfekt	j'ai employé	j'ai envoyé
Imperfekt	j'employais	j'envoyais
■ **Passé simple**	il employa ils employèrent	il envoya ils envoyèrent ☐
Futur simple	j'emploierai	j'enverrai
Konditional	j'emploierais	j'enverrais

	ESSAYER (versuchen) J'**essaie/essaye** de dormir. (Ich versuche zu schlafen.)	ÉTEINDRE (ausmachen) J'**éteins** la cigarette. (Ich mache die Zigarette aus.)
Präsens	j'essaie/essaye [ɛsɛ/ɛsɛj] tu essaies/essayes il essaie/essaye nous essayons vous essayez ils essaient/essayent	j'éteins tu éteins il éteint nous éteignons vous éteignez ils éteignent
Subjonctif	que j'essaie/essaye que tu essaies/essayes qu'il essaie/essaye que nous essayions que vous essayiez qu'ils essaient/essayent	que j'éteigne
Imperativ	essaie/essaye essayez	éteins éteignez
Perfekt	j'ai essayé	j'ai éteint
Imperfekt	j'essayais	j'éteignais
■ **Passé simple**	il essaya ils essayèrent	il éteignit ils éteignirent ◻
Futur simple	j'essaierai/essayerai	j'éteindrai
Konditional	j'essaierais/essayerais	j'éteindrais

	ETRE (sein) Je **suis** à l'heure. (Ich bin pünktlich.)	FAIRE (machen, tun) Je **fais** une promenade. (Ich mache einen Spaziergang.)	FALLOIR (nötig sein) Il **faut** être prudent. (Man muß vorsichtig sein.)
Präsens	je suis tu es il est nous sommes vous êtes ils sont	je fais tu fais il fait nous faisons [fəzō] vous faites ils font	il faut
Subjonctif	que je sois que tu sois qu'il soit que nous soyons que vous soyez qu'ils soient	que je fasse que tu fasses qu'il fasse que nous fassions que vous fassiez qu'ils fassent	j'ai peur qu'il faille partir
Imperativ	sois soyez	fais faites	
Perfekt	j'ai été	j'ai fait	il a fallu partir
Imperfekt	j'étais tu étais il était nous étions vous étiez ils étaient	je faisais	il fallait
■ **Passé simple**	il fut ils furent	il fit ils firent	il fallut
Futur simple	je serai	je ferai	il faudra
Konditional	je serais	je ferais	il faudrait

Das Verb 157

	■ JETER (werfen) ☐ Je **jette** des pierres. (Ich werfe Steine.)	LIRE (lesen) Je **lis** le journal du soir. (Ich lese die Abendzeitung.)	METTRE (setzen, legen, aufsetzen, anziehen, stellen) Je **mets** un manteau. (Ich ziehe einen Mantel an.)
Präsens	je jette tu jettes il jette nous jetons vous jetez ils jettent	je lis tu lis il lit nous lisons vous lisez ils lisent	je mets tu mets il met nous mettons vous mettez ils mettent
Subjonctif	que je jette que tu jettes qu'il jette que nous jetions que vous jetiez qu'ils jettent	que je lise	que je mette
Imperativ	jette jetez	lis lisez	mets mettez
Perfekt	j'ai jeté	j'ai lu	j'ai mis
Imperfekt	je jetais	je lisais	je mettais
■ **Passé simple**	il jeta ils jetèrent	il lut ils lurent	il mit ils mirent ☐
Futur simple	je jetterai	je lirai	je mettrai
Konditional	je jetterais	je lirais	je mettrais

	■ **MOURIR** (sterben) ☐ Je **meurs** de faim. (Ich sterbe vor Hunger.)	■ **NAÎTRE** (geboren werden) ☐ Elle **est née** en France. (Sie ist in Frankreich geboren.)	■ **OFFRIR** (anbieten) ☐ J'**offre** un poste à Claude. (Ich biete Claude eine Stellung an.)
Präsens	je meurs tu meurs il meurt nous mourons vous mourez ils meurent	je nais tu nais il naît nous naissons vous naissez ils naissent	j'offre tu offres il offre nous offrons vous offrez ils offrent
Subjonctif	que je meure que tu meures qu'il meure que nous mourions que vous mouriez qu'ils meurent	que je naisse que tu naisses qu'il naisse que nous naissions que vous naissiez qu'ils naissent	que j'offre
Imperativ	meurs mourez		offre offrez
Perfekt	il est mort	je suis né(e)	j'ai offert
Imperfekt	il mourait	il naissait	j'offrais
■ **Passé simple**	il mourut ils moururent	il naquit ils naquirent	il offrit ils offrirent ☐
Futur simple	je mourrai	il naîtra	j'offrirai
Konditional	je mourrais	il naîtrait	j'offrirais

	OUVRIR (öffnen) J'**ouvre** la porte. (Ich öffne die Tür.)	■ **PARAÎTRE** ([er]scheinen) ❏ Je **parais** fatigué. (Ich scheine erschöpft.)	**PARTIR** (abreisen) Je **pars** demain. (Ich reise morgen ab.)
Präsens	j'ouvre tu ouvres il ouvre nous ouvrons vous ouvrez ils ouvrent	je parais tu parais il paraît nous paraissons vous paraissez ils paraissent	je pars tu pars il part nous partons vous partez ils partent
Subjonctif	que j'ouvre	que je paraisse	que je parte
Imperativ	ouvre ouvrez		pars partez
Perfekt	j'ai ouvert	j'ai paru	je suis parti(e)
Imperfekt	j'ouvrais	je paraissais	je partais
■ Passé simple	il ouvrit ils ouvrirent	il parut ils parurent	il partit ils partirent ❏
Futur simple	j'ouvrirai	je paraîtrai	je partirai
Konditional	j'ouvrirais	je paraîtrais	je partirais

	■ PEINDRE (malen) ☐ Je **peins** les murs de la cuisine. (Ich male die Wände der Küche an.)	■ SE PLAINDRE (sich beklagen) ☐ Je me **plains** rarement. (Ich beklage mich selten.)	PLAIRE (gefallen) Je **plais** peut-être à Henri. (Vielleicht gefalle ich Henri.)
Präsens	je peins tu peins il peint nous peignons vous peignez ils peignent	je me plains tu te plains il se plaint nous nous plaignons vous vous plaignez ils se plaignent	je plais tu plais il plaît nous plaisons vous plaisez ils plaisent
Subjonctif	que je peigne	que je me plaigne	que je plaise
Imperativ	peins peignez	plains-toi plaignez-vous	
Perfekt	j'ai peint	je me suis plaint(e)	j'ai plu
Imperfekt	je peignais	je me plaignais	je plaisais
■ **Passé simple**	il peignit ils peignirent	il se plaignit ils se plaignirent	il plut ils plurent
Futur simple	je peindrai	je me plaindrai	je plairai
Konditional	je peindrais	je me plaindrais	je plairais

	PLEUVOIR (regnen) Il **pleut**. (Es regnet.)	**POUVOIR** (können) Je **peux** venir demain. (Ich kann morgen kommen.)	**PRENDRE** (nehmen) Je **prends** le train. (Ich nehme den Zug.)
Präsens	il pleut	je peux tu peux il peut nous pouvons vous pouvez ils peuvent	je prends tu prends il prend nous prenons vous prenez ils prennent
Subjonctif	qu'il pleuve	que je puisse que tu puisses qu'il puisse que nous puissions que vous puissiez qu'ils puissent	que je prenne que tu prennes qu'il prenne que nous prenions que vous preniez qu'ils prennent
Imperativ			prends prenez
Perfekt	il a plu	j'ai pu	j'ai pris
Imperfekt	il pleuvait	je pouvais	je prenais
■ **Passé simple**	il plut	il put ils purent	il prit ils prirent
Futur simple	il pleuvra	je pourrai	je prendrai
Konditional	il pleuvrait	je pourrais	je prendrais

	■ **PRODUIRE** (erzeugen) □ Qu'est-ce qu'on **produit** dans cette région? (Was wird in dieser Gegend produziert?)	**RECEVOIR** (empfangen) Je **reçois** des visiteurs. (Ich empfange Besucher.)	**RÉPÉTER** (wiederholen) Je **répète** la leçon. (Ich wiederhole die Lektion.)
Präsens	je produis tu produis il produit nous produisons vous produisez ils produisent	je reçois tu reçois il reçoit nous recevons vous recevez ils reçoivent	je répète tu répètes il répète nous répétons vous répétez ils répètent
Subjonctif	que je produise que tu produises qu'il produise que nous produisions que vous produisiez qu'ils produisent	que je reçoive que tu reçoives qu'il reçoive que nous recevions que vous receviez qu'ils reçoivent	que je répète que tu répètes qu'il répète que nous répétions que vous répétiez qu'ils répètent
Imperativ	produis produisez	reçois recevez	répète répétez
Perfekt	j'ai produit	j'ai reçu	j'ai répété
Imperfekt	je produisais	je recevais	je répétais
■ **Passé simple**	il produisit ils produisirent	il reçut ils reçurent	il répéta ils répétèrent □
Futur simple	je produirai	je recevrai	je répéterai
Konditional	je produirais	je recevrais	je répéterais

	RIRE (lachen) □ Je **ris** souvent. (Ich lache oft.)	**SAVOIR** (wissen, können) Je **sais** son nom. (Ich weiß seinen Namen.)	**SENTIR** (fühlen) Je **sens** la fatigue. (Ich spüre die Erschöpfung.)
Präsens	je ris tu ris il rit nous rions vous riez ils rient	je sais tu sais il sait nous savons vous savez ils savent	je sens tu sens il sent nous sentons vous sentez ils sentent
Subjonctif	que je rie que tu ries qu'il rie que nous riions que vous riiez qu'ils rient	que je sache	que je sente
Imperativ	ris riez	sache sachez	
Perfekt	j'ai ri	j'ai su	j'ai senti
Imperfekt	je riais	je savais	je sentais
■ **Passé simple**	il ria ils rièrent	il sut ils surent	il sentit ils sentirent □
Futur simple	je rirai	je saurai	je sentirai
Konditional	je rirais	je saurais	je sentirais

	SERVIR ([be]dienen, servieren) Je **sers** le café. (Ich serviere den Kaffee.)	**SORTIR** (aus-, hinausgehen) Je **sors** ce soir. (Ich gehe heute abend aus.)	**SUIVRE** (folgen) Je **suis** mon frère. (Ich folge meinem Bruder.)
Präsens	je sers tu sers il sert nous servons vous servez ils servent	je sors tu sors il sort nous sortons vous sortez ils sortent	je suis tu suis il suit nous suivons vous suivez ils suivent
Subjonctif	que je serve	que je sorte	que je suive
Imperativ	sers servez	sors sortez	suis suivez
Perfekt	j'ai servi	je suis sorti(e)	j'ai suivi
Imperfekt	je servais	je sortais	je suivais
■ **Passé simple**	il servit ils servirent	il sortit ils sortirent	il suivit ils suivirent
Futur simple	je servirai	je sortirai	je suivrai
Konditional	je servirais	je sortirais	je suivrais

	■ SE TAIRE (schweigen) ◻ Je me **tais**. (Ich schweige.)	TENIR (halten) Je **tiens** Pierrot par la main. (Ich halte Pierrot an der Hand.)	■ VAINCRE ([be]siegen) ◻ Je **vaincs** au tennis. (Ich siege im Tennis.)
Präsens	je me tais tu te tais il se tait nous nous taisons vous vous taisez ils se taisent	je tiens tu tiens il tient nous tenons vous tenez ils tiennent	je vaincs tu vaincs il vainc nous vainquons vous vainquez ils vainquent
Subjonctif	que je me taise	que je tienne que tu tiennes qu'il tienne que nous tenions que vous teniez qu'ils tiennent	que je vainque
Imperativ	tais-toi taisez-vous	tiens tenez	vaincs vainquez
Perfekt	je me suis tu(e)	j'ai tenu	j'ai vaincu
Imperfekt	je me taisais	je tenais	je vainquais
■ **Passé simple**	il se tut ils se turent	il tint ils tinrent	il vainquit ils vainquirent ◻
Futur simple	je me tairai	je tiendrai	je vaincrai
Konditional	je me tairais	je tiendrais	je vaincrais

	■ VALOIR (wert sein) ☐ Il **vaut** mieux . . . (Es ist besser . . .)	VENIR (kommen) Je **viens** tout de suite. (Ich komme sofort.)	VIVRE (leben) Je **vis** à Paris. (Ich lebe in Paris.)
Präsens	il vaut mieux . . .	je viens tu viens il vient nous venons vous venez ils viennent	je vis tu vis il vit nous vivons vous vivez ils vivent
Subjonctif	qu'il vaille mieux	que je vienne que tu viennes qu'il vienne que nous venions que vous veniez qu'ils viennent	que je vive
Imperativ		viens venez	
Perfekt	il a valu mieux	je suis venu(e)	j'ai vécu
Imperfekt	il valait mieux	je venais	je vivais
■ **Passé simple**	il valut mieux	il vint ils vinrent	il vécut ils vécurent ☐
Futur simple	il vaudra mieux	je viendrai	je vivrai
Konditional	il vaudrait mieux	je viendrais	je vivrais

	VOIR (sehen) Je **vois** Monique là-bas. (Ich sehe Monika dahinten.)	**VOULOIR** (wollen) Je **veux** être heureux. (Ich will glücklich sein.)
Präsens	je vois tu vois il voit nous voyons vous voyez ils voient	je veux tu veux il veut nous voulons vous voulez ils veulent
Subjonctif	que je voie que tu voies qu'il voie que nous voyions que vous voyiez qu'ils voient	que je veuille que tu veuilles qu'il veuille que nous voulions que vous vouliez qu'ils veuillent
Imperativ	vois voyez	
Perfekt	j'ai vu	j'ai voulu
Imperfekt	je voyais	je voulais
■ **Passé simple**	il vit ils virent	il voulut ils voulurent ☐
Futur simple	je verrai	je voudrai
Konditional	je verrais	je voudrais

Anmerkung:

Verzeichnis von Parallelformen der unregelmäßigen Verben

- **A** **Acheter** s. emmener
  Admettre s. mettre
  Amener s. emmener
  Apparaître s. paraître
  Apprendre s. prendre
  Atteindre s. éteindre
- **C** **Commettre** s. mettre
  Comprendre s. prendre
  Conduire s. produire
  Convaincre s. vaincre
  Couvrir s. ouvrir
- **D** **Décevoir** s. recevoir
  Découvrir s. ouvrir
  Devenir s. venir
  Disparaître s. paraître
- **E** **Endormir** s. dormir
  Enlever s. emmener
  Espérer s. répéter
- **L** **Lever** s. emmener
- **M** **Mener** s. emmener
  Mentir s. sentir
- **N** **Nettoyer** s. employer
- **P** **Parcourir** s. courir
  Payer s. essayer
  Permettre s. mettre
  Préférer s. répéter
  Se promener s. emmener
  Promettre s. mettre
- **R** **Rappeler** s. appeler
  Reconnaître s. connaître
  Remettre s. mettre
  Se repentir s. sentir
- **S** **Souffrir** s. offrir
  Sourire s. rire
  Surprendre s. prendre
- **T** **Traduire** s. produire

9. Die Verknüpfungen des Verbs

Die folgende Zusammenstellung enthält vor allem die Verknüpfungen, die vom Deutschen her Schwierigkeiten bereiten können.

9.1. Verben mit direktem Objekt

> Ein direktes Objekt ist eine (i. a. notwendige) Ergänzung zum Verb, die die Frage „wen" oder „was" beantwortet und die sich ohne Präposition mit dem Verb verbindet, z. B.: *Il demande une fourchette.* (Er bittet um eine Gabel.)

aider qn.	(jmdm. helfen)	■ craindre (qn./qc.)	([sich] fürchten vor)	☐
attendre qn./qc.	(auf jmdn./etw. warten)			
croire qn./qc.	(jmdm./etw. glauben)			
demander qn./qc.	(nach jmdm. fragen, um etw. bitten)			
rappeler qc. (à qn.)	([jmdm.] an etw. erinnern)			
se rappeler qc.	(sich an etw. erinnern)			
remercier qn. (de qc.)	(jmdm. [für etwas] danken)			
rencontrer qn.	(jmdm. begegnen)			
servir qn/qc.	(jmdn. bedienen, jmdm. etw. auftragen)			
suivre qn.	(jmdm. folgen)			

9.2. Verben mit indirektem Objekt: *à* + Ergänzung

> Das indirekte Objekt antwortet auf die Frage „wem" oder „an/für/auf usw. was" und benötigt ein *à* zur Verknüpfung mit dem Verb, z. B.: *Il* **s'adresse au** *garçon.* (Er wendet sich an den Ober.)

s'attendre à qc.	(auf etw. gefaßt sein)	parler à qn.	(mit jmdm. sprechen)
croire à qc.	(an etw. glauben)	répondre à qn./à qc.	(jmdm. antworten, etw. beantworten)
demander à qn.	(jmdn. fragen, bitten)		
s'intéresser à qc.	(sich für etw. interessieren)	■ penser à qn./à qc.	(denken an) ■
		☐ renoncer à qc.	(verzichten auf) ☐

9.3. Verben + *de* + Ergänzung

> **J'ai besoin de** repos. (Ich brauche Ruhe.)

avoir besoin de qc.	(nötig haben, benötigen)	■ il s'agit de	(es handelt sich um) ■
s'occuper de qn./de qc.	(s. beschäftigen mit)	s'approcher de qn./de qc.	(s. nähern)
		douter de	(zweifeln an)
		se douter de	(ahnen)
		s'étonner de	(erstaunt sein über)
		s'excuser de	(s. entschuldigen für)
		se moquer de	(s. lustig machen über)
		avoir peur de	(befürchten, Angst haben vor)
		se plaindre de	(s. beklagen über)
		profiter de	(ausnutzen)
		se rendre compte de	(bemerken, s. klarwerden über)
		rire de	(lachen über)
		☐ sourire de	(lächeln über) ☐

9.4. Verben mit 2 Ergänzungen (direktem und indirektem Objekt)

Je vais **lui** demander **un conseil.**   (Ich werde ihn um einen Rat bitten.)

apporter qc. à qn.	(bringen)	■ acheter qc. à qn.	(kaufen) ■	□ accorder qc. à qn.	(gewähren) □
demander qc. à qn.	(fragen, bitten, verlangen)	apprendre qc. à qn.	(beibringen)	annoncer qc. à qn.	(ankündigen)
		cacher qc. à qn.	(verbergen)		
dire qc. à qn.	(sagen)	confirmer qc. à qn.	(bestätigen)	pardonner qc. à qn.	(verzeihen)
donner qc. à qn.	(geben)	défendre qc. à qn.	(verbieten)	□ reprocher qc.	(vorwerfen) □
écrire qc. à qn.	(schreiben)	emprunter qc. à qn.	([ent]leihen)		
envoyer qc. à qn.	(schicken)	enlever qc. à qn.	(wegnehmen)		
expliquer qc. à qn.	(erklären)	offrir qc. à qn.	(anbieten, schenken)		
laisser qc. à qn.	(lassen)				
montrer qc. à qn.	(zeigen)	payer qc. à qn.	(bezahlen)		
prêter qc. à qn.	([ver]leihen)	permettre qc. à qn.	(erlauben)		
promettre qc. à qn.	(versprechen)	proposer qc.à qn.	(vorschlagen)		
rappeler qc. à qn.	(erinnern)	raconter qc. à qn.	(erzählen)		
rendre qc. à qn.	(zurückgeben)	recommander qc. à qn.	(empfehlen)		
répéter qc. à qn.	(wiederholen)				
vendre qc. à qn.	(verkaufen)	refuser qc. à qn. □	(verweigern □		

9.5. Verschiedene Konstruktionen

S. changer, S. 175.
S. croire, S. 177.
S. demander, S. 178.

jouer, S. 183.
manquer, S. 183.
servir, S. 188.

10. Wichtige Verben und ihre Verwendung

accepter	**j'accepte de** + Infinitiv On cherche des employées qui **acceptent** de rester longtemps.	(... die sich bereit finden/bereit erklären, lange zu bleiben)
■ **accuser**	**je l'accuse de** + Infinitiv, **de qc.** Il est **accusé** d'avoir volé la voiture de son voisin.	(Er ist angeklagt, das Auto seines Nachbarn gestohlen zu haben.)
■ **s'agir**	**il s'agit de** Il s'agit de lui, de son poste. De quoi **s'agit-il**? Il **s'agissait** de trouver vite un médecin.	(es geht um/es handelt sich um) (Worum geht's?/Worum handelt es sich?) (Es ging darum, schnell einen Arzt zu finden.)
aider	**je l'aiderai à** + Infinitiv Cela m'**aidera** à trouver une chambre.	(Das wird mir helfen, ein Zimmer zu finden.)
aimer	1. **j'aime** + Infinitiv ohne Präposition Elle **aime** faire de petites excursions. ■ 2. **j'aime mieux** + Infinitiv ohne Präposition □ J'**aime mieux** rester à la maison ■ 3. **j'aime que** löst den *Subjonctif* aus: J'**aimerais** bien **qu'**il vienne me voir □ dimanche prochain.	(Sie macht gerne kleine Ausflüge.) (Ich bleibe lieber zu Hause.) (Ich würde es gerne sehen, wenn er mich nächsten Sonntag besuchen würde.)

aller	1. **je vais** + Infinitiv	
	Va chercher les cigarettes.	(Hol die Zigaretten.)
	Tu **vas** venir?	(Kommst du?)
	S. **Futur composé,** S. 121.	
	2. Il **va** à Paris, en France, aux Etats-Unis.	(Er geht/fährt/fliegt . . .)
	3. Il **va** en vélo, à pied.	(mit dem Fahrrad, zu Fuß)
	Il **va** en voiture, en avion.	(mit dem Wagen, mit dem Flugzeug)
	4. On y **va**?	(Gehen wir [hin]?/Kann's losgehen?)
	Vas-y!/Allez-y!	(Los!/Vorwärts!)
	5. Elle **va** mal/Elle **va** bien.	(Es geht ihr schlecht/gut.)
	6. **s'en aller:** Elle **s'en va.**	(Sie geht fort.)
	7. **aller voir:** On va aller **voir** grand-mère.	(Wir werden Großmutter besuchen.)
	Nous **sommes allés voir** le port.	(Wir haben uns den Hafen angesehen.)
■ **s'amuser**	**je m'amuse à** + Infinitiv	
□	Elle **s'amusait à** raconter cette histoire.	(Sie hatte ihren Spaß daran, diese Geschichte zu erzählen.)
apprendre	1. J'**apprends** le français.	(Ich lerne Französisch.)
	2. j'**apprends à** + Infinitiv	
	Il **apprend à** conduire.	(Er lernt fahren.)
	3. J'ai **appris** que. . . .	(erfahren)
	■ 4. Qui leur a **appris** le français?	(Wer hat ihnen Französisch beigebracht?)
	▯ 5. **je lui apprends à** + Infinitiv	(lehren, beibringen)
	Il lui **apprend à** nager.	(Er lehrt ihn schwimmen, bringt ihm das Schwimmen bei.)

arriver	1. Il va **arriver** à minuit.	(Er kommt um Mitternacht an.)
	■ 2. Cela **arrive** souvent.	(Das kommt oft vor.) ■
	Cela n'**arrive** qu'à toi.	(Das kann bloß dir passieren.)
	☐ 3. Il **arrive** souvent que . . .	(Es kommt oft vor, daß . . .) ☐
	■ 4. **arriver à** + Infinitiv	■
	■ Il n'**arrive** pas **à** comprendre.	(Er kann das nicht verstehen.) ■
■ **assister**	j'**assiste à**	■
☐	Il a **assisté à la** conférence.	(Er war bei dem Vortrag anwesend.) ☐
attendre	1. **attendre (qn./qc.)**	
	J'**attends** mon ami.	(Ich warte auf meinen Freund.)
	Vous m'**attendez**?	(Warten Sie auf mich?)
	Je vous ai fait **attendre.**	(Ich habe Sie warten lassen.)
	■ 2. **s'attendre à qc.**	■
	On s'y **attendait.**	(Das hatte man erwartet.)
	Je ne m'y **attendais** pas.	(Das hatte ich nicht erwartet.)
	je m'attends à + Infinitiv	
	Elle ne s'**attendait** pas à recevoir un	(Sie hatte nicht erwartet, ein Trinkgeld zu
	☐ pourboire.	bekommen.) ☐

avoir	1. Il **a** un bureau/le téléphone/des enfants . . .	(er hat ein Büro/Telefon/Kinder . . .)
	2. Elle **a** peur/faim/soif/chaud . . .	(Sie hat Angst/Hunger/Durst/ihr ist heiß . . .)
	S. **Artikel,** S. 14.	
	3. Vous **avez** mangé?	(Haben Sie gegessen?)
	Elle **a** couru.	(Sie ist gelaufen.)
	s. **Hilfsverben,** S. 140.	
	4. **j'ai à** + Infinitiv	
	J'ai encore **à** travailler.	(Ich muß noch arbeiten.)
	J'ai beaucoup **à** faire.	(Ich habe viel zu tun.)
	Il **n'y a rien à** faire.	(Es ist nichts dabei zu machen.)
	5. **J'ai** vingt-deux ans.	(Ich bin 22.)
■ **avoir beau**	**j'ai beau** + Infinitiv ohne Präposition	
	J'ai beau changer de logement.	(Es hilft mir gar nichts, wenn ich die Wohnung wechsle.)
■ **cesser**	**je cesse de** + Infinitiv	
	Il a **cessé de** travailler	(Er hat aufgehört zu arbeiten.)
changer	1. **changer de**	
	changer d'avis	(seine Meinung ändern)
	changer d'appartement	(umziehen)
	changer d'adresse	(die Adresse ändern, eine andere Adresse bekommen)
	changer de train, d'avion . . .	(umsteigen)
	2. Le temps a **changé.**	(Das Wetter hat sich geändert.)
	3. **changer de** l'argent	(Geld wechseln)
	■ 4. **se changer**	(sich umziehen)

charger

1. **charger qn./qc.**
   On m'a **chargé** de la correspondance. (Man hat mich mit der Korrespondenz beauftragt.)
   La voiture est trop **chargée**. (Der Wagen ist zu stark beladen.)
2. **charger qn. de** + Infinitiv
   On m'a **chargé de** leur écrire. (Man hat mich beauftragt, ihnen zu schreiben.)
3. **être chargé de**
   Je suis **chargé de** (faire) la correspondance. (Ich bin mit der Korrespondenz beauftragt.)

chercher

je cherche à + Infinitiv
Ils **cherchent à** engager une discussion. (Sie suchen ein Gespräch anzuknüpfen.)

commencer

je commence à + Infinitiv (seltener: **de**)
Il **commence à** réparer la voiture. (Er beginnt, das Auto zu reparieren.)

conseiller

je conseille à qn. de + Infinitiv
On m'a **conseillé de** changer d'hôtel. (Man hat mir geraten, in ein anderes Hotel zu ziehen.)

se contenter

je me contente de + Infinitiv
Il se **contente de** regarder la jeune fille d'un air froid. (Er begnügt sich damit, das Mädchen mit kühlem Blick anzusehen.)

continuer	**je continue à** + Infinitiv (seltener: de)
	Je **continue à** lire mon journal. (Ich lese weiter meine Zeitung.)
croire	1. **croire qn./qc.**
	Vous pouvez **croire** mon frère. (Sie können meinem Bruder glauben.)
	Croyez-moi. (Glauben sie mir!)
	■ Ils **se croient** écrivains. (Sie halten sich für Schriftsteller.) ■
	Elle **se croit** belle. (Sie hält sich für schön.)
	S. **Adjektiv**, S. 41.
	□ 2. **croire à** □
	Croyez, Monsieur, **à** l'expression de mes meilleurs sentiments. (Mit freundlichen Grüßen.)
	■ Je n'**y crois** pas. (Ich glaube nicht daran.) ■
	Je **crois à** ce qu'il dit/à sa parole/à la (Ich glaube an das, was er sagt/seinen
	□ médecine . . . Worten/an die Medizin . . .) □
	▌ 3. **croire en** ▌
	Elle ne **croit** pas **en** Dieu. (Sie glaubt nicht an Gott.)
	4. **je crois** + Infinitiv ohne Präposition
	Vous **croyez être** le centre du monde. (Sie halten sich für den Mittelpunkt der
	▌ Welt.) ▌
	5. **je ne crois pas** (verneintes *croire*)
	löst i. a. den *subjonctif* aus:
	Je **ne crois pas** qu'il vienne. (Ich glaube nicht, daß er kommt.)
aber:	*Je crois qu'il est parti.* (Ich glaube, daß er fortgegangen ist.)

décider
1. **je décide de** + Infinitiv
   On a **décidé d'**aller chercher le médecin. (Man beschloß, den Arzt zu holen.)
■ 2. **je suis décidé à** + Infinitiv
   Il est **décidé à** partir. (Er ist entschlossen, abzureisen.)
3. **je me décide à** + Infinitiv
   ☐ Elle se **décide à** expliquer son erreur. (Sie entschließt sich dazu, ihren Irrtum zu erklären.) ☐

défendre
■ 1. **je lui défends de** + Infinitiv
   On m'a **défendu de** fumer. (Man hat mir das Rauchen verboten.) ■
2. **défendre** qc. à qn. (jmdm. etwas verbieten)
3. **défendre** qn./qc. (jmdn./etwas verteidigen)
☐ 4. **se défendre** (contre) (sich verteidigen gegen) ☐

demander
1. Il **demande** le patron. (Er fragt nach dem Chef/verlangt den Chef.)
   Il **demande** des renseignements. (Er bittet um Auskunft.)
   Il **demande** des renseignements au patron. (Er bittet den Chef um Auskunft.)
   Il **demande au** patron: ». . .« (Er fragt den Chef: „. . .")
2. **je demande à** + Infinitiv
   Elle **demande à** parler au patron. (Sie verlangt, mit dem Chef zu sprechen.)
3. **je demande à Pierre de** + Infinitiv
   On **demande à** Juliette de s'asseoir. (Man bittet Juliette, sich zu setzen.)

se dépêcher
■ **je me dépêche de** + Infinitiv ■
■ Il va **se dépêcher d'**en profiter. (Er wird sich beeilen, das auszunutzen.) ■

■ **désirer**
☐ 1. **je désire** + Infinitiv ohne Präposition ■
   Il **désirerait** rester. (Er würde gerne bleiben.) ☐

(désirer)	■ 2. **je désire que** löst den *subjonctif* aus Ils **désirent** que ce soit leur équipe qui ■ **gagne**.	(Sie wünschen sich, daß ihre Mannschaft gewinnt.)
devoir	1. **je dois** + Infinitiv ohne Präposition Je **dois** téléphoner. ■ 2. Il me **doit** 100 F.	(Ich muß telefonieren.) (Er schuldet mir 100 Francs.)
dire	1. **je lui dis de** + Infinitiv J'ai **dit** à Gisèle **de** faire la chambre. 2. S. **indirekte Rede**, S. 126. Il **dit** qu'elle a peur.	(Ich habe Gisèle gebeten, das Zimmer zu machen.) (Er sagt, sie habe Angst.)
douter	■ 1. **douter de** qn./qc. J'**en doute**. J'ai **douté de** mes propres yeux. Il **doute de** la parole de son patron. 2. **se douter de** Je **m'en doutais**. Je ne **me doutais de** rien.	(zweifeln an) (Ich zweifle daran.) (Ich traute meinen eigenen Augen nicht.) (Er zweifelt am Wort seines Chefs.) (ahnen) (Das habe ich geahnt.) (Ich ahnte nichts.)
empêcher	□ **je l'empêche de** + Infinitiv La grève a **empêché** Pierre **de** venir.	(Der Streik hinderte Pierre zu kommen.)
entendre	■ **j'entends** + Infinitiv ohne Präposition ■ Je l'ai **entendu** venir.	(Ich habe ihn kommen hören.)

espérer

j'espère + Infinitiv ohne Präposition
Gisèle **espère** revenir à Paris. (Gisèle hofft, nach Paris zurückzukommen.)

être

1. Il **est** sorti. (Er ist hinausgegangen.)
   S. **Hilfsverben**, S. 140.
2. Personne n'**a été** blessé. (Niemand ist verletzt worden.)
   S. **Passiv**, S. 129.
3. Elle **est** à Paris. (Sie ist in Paris.)
4. Je **suis** employé. (Ich bin Angestellter.)
5. Vous **êtes** bien aimable. (Sie sind sehr liebenswürdig.)
6. Ce livre **est** à Pierre. (Dieses Buch gehört Pierre.)
7. Il **est** tôt/tard/temps. (Es ist früh/spät/Zeit.)
8. Quel jour **sommes**-nous? (Welches Datum haben wir?)
   Nous **sommes** le premier juillet. (Wir haben den 1. Juli.)
9. Ça y **est**. (Da haben wir's./Das wär's.)
10. Vous **êtes** de bonne humeur. (Sie sind gutgelaunt.)
    Je **suis** de nationalité allemande. (Ich habe die deutsche Staatsangehörigkeit.)

    Ces hôtels **sont** de la catégorie supérieure. (Diese Hotels gehören zur oberen Kategorie.)
    Cette famille **a été** d'une extraordinaire gentillesse. (Diese Familie war von außerordentlicher Freundlichkeit.)
11. S'il en **est** ainsi ... (Wenn das so ist ...)
12. **c'est à moi** (+ **de** + Infinitiv)
    C'est à lui (de jouer). (Er ist dran.)

être en train	**je suis en train de** + Infinitiv
	Elle **était en train de** lire la lettre quand ... (Sie war gerade dabei, den Brief zu lesen, als ...)
faire	1. Elle **fait** du camping. (Sie zeltet.)
	Elle **fait** du sport. (Sie treibt Sport.)
	Elle **fait** de la musique. (Sie musiziert.)
	◘ Elle **fait** du ski. (Sie läuft Ski.) ◘
	◘ Il **fait** de la natation. (Er treibt Schwimmsport.) ◘
	S. **Teilungsartikel,** S. 15.
	2. **faire** qc.
	Qu'est-ce que vous allez **faire**? (Was werden Sie machen?)
	Cela ne **fait** rien. (Das macht nichts.)
	Que **faire** d'autre? (Was sollen wir sonst tun?)
	3. **Faites**-moi plaisir. (Machen Sie mir die Freude.)
	Une tasse de café me **ferait** plaisir. (Ich würde gerne eine Tasse Kaffee trinken.)
	4. Il **fait** frais/chaud/froid/mauvais/sombre/un temps de chien. (Es ist frisch/heiß/kalt/schlechtes Wetter/dunkel/ein Hundewetter.)
	5. Combien **font** dix et douze? (Wieviel macht ...?)
	Ça **fait** 22. (Das macht 22.)
	6. Cela **fait** 20 F. (Das macht 20 Francs.)
	Cela **fait** combien? (Wieviel macht das?)
	◘ 7. **je fais** + Infinitiv ohne Präposition ◘
	Cette idée la **fait** rougir. (Dieser Gedanke läßt sie rot werden.)
	Qu'est-ce qui vous **fait** réfléchir? (Worüber denken Sie nach?)
	8. Je ne lave pas les fenêtres. Je les **fais** ◘laver. (Ich putze die Fenster nicht. Ich lasse sie putzen.) ◘

Das Verb 181

(faire)	9. Vous l'avez depuis combien de temps? Ça **fait** déjà dix ans. 10. Le chien **fait** 12 kilomètres à l'heure.	(schon zehn Jahre) (Der Hund legt 12 Kilometer pro Stunde zurück.)
falloir	1. **il faut** + Infinitiv ohne Präposition **Il faut** montrer les billets. **Il faut** voir ça. 2. **il faut que** löst den *subjonctif* aus: **Il faut que** je finisse le travail. 3. **il (lui) faut qc.** **Il lui faut du** temps. **Il nous a fallu** 50 F pour . . .	(Man muß die Fahrkarten vorzeigen.) (Das muß man sehen.) (Ich muß die Arbeit zu Ende bringen.) (Er braucht Zeit.) (Wir brauchten 50 Francs für . . .)
finir	**je finis de** + Infinitiv Il **a fini de** travailler.	(Er arbeitet nicht mehr/hat aufgehört zu arbeiten.)
hésiter	**j'hésite à** + Infinitiv Ils n'**hésitent** pas **à** venir nous voir tard la nuit.	(Sie kommen ohne Zögern spät am Abend zu Besuch.)
interdire	1. **j'interdis à** Pierre **de** + Infinitiv Ce règlement **interdit aux** gens **de** sortir la nuit. 2. **il est interdit de** + Infinitiv Il est **interdit de** se pencher au dehors.	(Diese Verordnung untersagt es den Leuten, nachts nach draußen zu gehen.) (Es ist verboten, sich hinauszulehnen.)

intéresser	1. **intéresser qn./qc.**	
	Cela m'**intéresse** beaucoup.	(Das interessiert mich sehr.)
	2. **s'intéresser à qn./qc.**	
	Elle **s'intéresse à** la politique.	(Sie interessiert sich für Politik.)
inviter	**inviter qn. à** + Infinitiv	
	Il m'a **invité à** dîner.	(Er hat mich zum Abendessen eingeladen.)
jouer	1. Tu aimes **jouer**?	(Spielst du gerne?)
	■ 2. **Jouer aux** cartes.	(Karten spielen.) ■
	□ Tu sais **jouer au** ping-pong?	(Kannst du Tischtennis?) □
	▣ 3. **jouer** un tour à qn.	(jmdm. einen Streich spielen) ▣
	▣ 4. Elle sait **jouer du** piano/du violon/ . . .	(Sie kann Klavier/Geige/ . . . spielen.) ▣
laisser	**je laisse** + Infinitiv ohne Präposition	
	Tu le **laisses** faire?	(Läßt du ihn gewähren?)
■ **manquer**	1. **manquer**	(fehlen) ■
	Qu'est-ce qui **manque**?	(Was fehlt?)
	2. **il (lui) manque qn./qc.**	(es fehlt)
	Il me **manque** 5 F.	(Mir fehlen 5 Francs.)
	3. **manquer qc.**	(verpassen)
□	J'ai **manqué** le train.	(Ich habe den Zug verpaßt.) □
mettre	1. Où as-tu **mis** mes lunettes?	(Wo hast du meine Brille hingelegt?)
	■ 2. Elle **met** son manteau.	(Sie zieht ihren Mantel an.) ■
	□ Moi, je n'ai **mis** qu'une veste.	(Ich habe nur eine Jacke an.) □
	▣ 3. Il **met** 12 heures pour rentrer.	(Er braucht 12 Stunden bis nach Hause.) ▣

(mettre)	■ 4. Comme si je pouvais **mettre** un million dans une maison.	(Als ob ich eine Million in ein Haus stecken könnte!) ■
	■ 5. **se mettre**	■
	a) Le docteur **se met** en route.	(Der Arzt macht sich auf den Weg.)
	□ Il **se met** à table.	(Er setzt sich zu Tisch.) □
	■ b) **je me mets à** + Infinitiv	■
	Robert **se met** à courir.	(Robert fängt an zu laufen.)
	□ Il **se met** à parler.	(Er fängt an zu sprechen.) □
■ **oser**	**j'ose** + Infinitiv ohne Präposition	■
□	Je n'avais pas **osé** rentrer chez moi.	(Ich hatte nicht gewagt, nach Hause zu gehen.) □
oublier	**j'oublie de** + Infinitiv	
	Elle a **oublié de** me téléphoner.	(Sie hat vergessen, mich anzurufen.)
paraître	■ 1. **il paraît que**	■
	□ Il **paraît** qu'elle ne viendra plus.	(Sie scheint nicht mehr zu kommen.) □
	■ 2. **paraître** + Adjektiv	■
	Elle **paraît** malade.	(Sie scheint krank zu sein.)
	3. **paraître** + Infinitiv ohne Präposition	
	■ Elle **paraît** être partie.	(Sie scheint abgereist zu sein.) ■
passer	1. Il est **passé** par Paris.	(Er ist über Paris gekommen.)
	Il est **passé** chez son ami.	(Er ist bei seinem Freund vorbeigegangen.)
	Il est **passé** devant la gare.	(Er ist am Bahnhof vorbeigegangen.)

(passer)

2.
a. Nous avons **passé** la frontière à Kehl. (Wir sind bei Kehl über die Grenze gegangen.)
b. Elle a **passé** ses vacances en France. (Sie hat ihre Ferien in Frankreich verbracht.)
Ils vont **passer** quelques jours à Lyon. (Sie werden einige Tage in Lyon verbringen.)
c. Elle a **passé** son examen. (Sie hat ihre Prüfung abgelegt.)
d. Vous me **passez** la salade, s'il vous plaît? (Würden Sie mir bitte den Salat reichen?)

3. **se passer**
a. Tout **s'est** bien **passé.** (Alles ist gut verlaufen.)
■ b. Elle **se passe** de cigarettes. (Sie kommt ohne Zigaretten aus, verzichtet auf Zigaretten.) ■

penser
■ 1. Je **pense à** mes amis. – Je **pense à** eux aussi. (Ich denke an . . .) ■
Je **pense aux** vacances. – J'**y pense** aussi. (Ich denke an . . .)
□ S. **Personalpronomen,** S. 82. □
■ 2. **je pense** + Infinitiv ohne Präposition ■
Ils **pensent** être seuls. (Sie glauben, allein zu sein.)
3. **je pense à** + Infinitiv
■ Elle ne **pense** pas **à** nous aider. (Sie denkt nicht daran, uns zu helfen.) ■

■ **permettre**
□ **permettre (à qn.) de** + Infinitiv ■
Permettez-moi **de** vous accompagner. (Gestatten Sie mir, Sie zu begleiten.) □

plaire
cela me plaît que löst den *Subjonctif* aus
■ Est-ce que **cela vous plaît** qu'il vienne si souvent? (Gefällt es Ihnen, daß er so oft kommt?) ■
s'il vous plaît/s'il te plaît (bitte)

préférer	1. **je préfère** + Infinitiv ohne Präposition	
	Je **préfère** rester à la maison.	(Ich bleibe lieber zu Hause.)
	2. **je préfère que** löst den *Subjonctif* aus	
	Je **préfère qu'**elle vienne ici.	(Ich sehe es lieber, daß sie hierher kommt.)
promettre	**je promets de** + Infinitiv	
	Elle a **promis de** mettre la table.	(Sie hat versprochen, den Tisch zu decken.)
proposer	**je propose (à Pierre) de** + Infinitiv	
	Le professeur nous a **proposé de** passer l'examen du certificat.	(Der Lehrer hat uns vorgeschlagen, die Zertifikatsprüfung abzulegen.)
rappeler	1. **rappeler qn.**	
	Je vais le **rappeler** ce soir.	(Ich werde ihn heute abend noch einmal anrufen.)
	2. **se rappeler (qc.)**	
	Tu **te rappelles** notre voyage à Paris?	(Erinnerst du dich noch an unsere Reise nach Paris?)
	Il ne **se rappelle** plus.	(Er erinnert sich nicht mehr.)
	Rappelle-toi, c'était l'année dernière.	(Denke mal zurück, das war letztes Jahr.)
regretter	**je regrette de** + Infinitiv	
	Ils **regrettent de** ne pas pouvoir venir.	(Sie bedauern, daß sie nicht kommen können.)

remercier

remercier qn. (de; pour)
Je vous en **remercie de** tout cœur. (Ich danke Ihnen herzlich dafür.)
En vous **remerciant** d'avance . . . (Mit bestem Dank im voraus . . .)
Je vous **en remercie** beaucoup. (Ich danke Ihnen vielmals dafür.)
Je vous **remercie de** tout ce que vous avez fait pour moi. (Ich danke Ihnen für alles, was Sie für mich getan haben.)

■ reprocher

je reproche à Pierre de + Infinitiv
Le professeur lui **reproche** de travailler trop peu. (Der Lehrer wirft ihm vor, daß er zu wenig arbeite.)

■ réussir

je réussis à + Infinitiv
J'ai **réussi à** le trouver. (Es gelang mir, ihn zu finden.)

risquer

je risque de + Infinitiv
On **risque de** perdre le contact. (Wir riskieren es, den Kontakt zu verlieren.)

savoir

je sais + Infinitiv ohne Präposition
Ils **savent** bien conduire. (Sie können gut fahren.)

sembler

■ 1. **sembler** + Infinitiv ohne Präposition
Tout le monde **semble** être de son avis. (Alle scheinen seiner Meinung zu sein.)

2. Il me **semble** qu'elle ne veut pas venir. (Mir scheint, sie will nicht kommen.)

■ 3. **il semble que** löst i. a. den *Subjonctif* aus
Il **semble qu'**elle soit malade. (Sie scheint krank zu sein.)

4. **sembler** + Adjektiv
■ Cette voiture **semble** toute neuve. (Dieses Auto sieht ganz neu aus.)

sentir	■ 1. Ça **sent** bon.	(Das duftet/schmeckt gut.) ■
	☐ Ça **sent** mauvais.	(Es riecht schlecht.) ☐
	◧ 2. Ça **sent** le poisson.	(Das duftet nach Fisch/riecht nach Fisch/schmeckt nach Fisch.) ◧
servir	1. **servir qc.**	
	Il **sert** du cognac.	(Er serviert Kognak.)
	2. **servir qc. à qn.**	
	Elle lui **sert** un cognac.	(Sie serviert ihm einen Kognak.)
	3. **servir à**	
	Cela ne **sert à** rien.	(Das nützt nichts.)
	4. **se servir (de)**	
	Il se **sert** d'un dictionnaire.	(Er benutzt ein Wörterbuch.)
	Servez-vous d'abord.	(Bedienen Sie sich zuerst.)
	Il **se sert d'**un guide.	(Er bedient sich eines Führers.)
suffire	1. Ça **suffit**!	(das genügt!)
	■ 2. **il suffit de** + Infinitiv	■
☐	Il **suffit de** m'écrire une lettre.	(Es genügt, wenn Sie mir einen Brief schreiben.) ☐
	◧ 3. **cela suffit à** + Infinitiv	◧
	Cela ne **suffit** pas **à** rendre la vie ◧ supportable.	(Das reicht nicht, um das Leben erträglich zu machen.) ◧
suivre	**suivre qn./qc.**	
	Je les ai **suivis**.	(Ich bin ihnen gefolgt.)

tenir	1. **tenir qc.**	
	Il **tient** un livre à la main.	(Er hält ein Buch in der Hand.)
	2. **tenir à qc.**	
	Je n'**y tiens** pas.	(Daraus mache ich mir nichts; darauf lege ich keinen Wert.)
	Il **tient à** ce projet.	(Er legt auf diesen Plan großen Wert; er hält an diesem Plan fest.)
	je tiens à + Infinitiv	
	Elle ne **tient** pas **à** avoir une voiture.	(Sie legt nicht unbedingt Wert darauf, einen eigenen Wagen zu haben.)
être en train de	**être en train de** + Infinitiv	
	Elle **est en train de** partir.	(Sie ist dabei, abzureisen.)
trouver	**trouver à** + Infinitiv	
	Nous avons **trouvé à** nous loger.	(Wir haben eine Unterkunft gefunden.)
venir	1. Il **vient** souvent en France/à Paris/ici.	(Er kommt oft nach Frankreich/nach Paris/hierher.)
	2. Il **vient de** Paris/**de** France/**des** Etats-Unis …	(Er kommt von/aus …)
	3. Il **viendra à** pied/**à** vélo/**en** avion/**en** voiture.	(Er kommt zu Fuß/mit dem Fahrrad/dem Flugzeug/dem Wagen.)
	4. **je viens** + Infinitiv ohne Präposition	
	On **viendra** vous voir dimanche prochain.	(Wir werden Sie nächsten Sonntag besuchen.)
	5. **je viens de** + Infinitiv	
	Il **vient de** rentrer.	(Er ist soeben nach Hause gekommen.)

voir	■ **je vois** + Infinitiv ohne Präposition
	☐ Je la **vois** venir. (Ich sehe sie kommen.)
vouloir	1. **je veux** + Infinitiv ohne Präposition
	Je ne **veux** pas y aller. (Ich will nicht dahin gehen.)
	■ 2. **je veux que/je ne veux pas que** lösen den *Subjonctif* aus
	Voulez-vous **qu**'il vous écrive? (Soll er Ihnen schreiben?)
	Je ne **veux** pas **qu**'il parte. (Ich will nicht, daß er abreist.)
	☐ Je **voudrais qu**'elle ait gagné. (Ich wünschte, sie hätte gewonnen.)

Das Adverb/das Umstandswort (l'adverbe)

Bedeutung des Adverbs

Situation	Äußerung	Bedeutung
Gisèle fragt nach dem Befinden Pierres. Seine Mutter sagt ihr:	»Il est **gravement** malade.« (Er ist schwer krank.)	einen Vorgang/Tatbestand nach Art und Weise charakterisieren
Jean fragt, wie Gisèle zurückgefahren ist. Sie antwortet:	»Je suis rentrée **directement**, sans passer par Lyon.« (Ich bin direkt zurückgefahren, ohne erst über Lyon zu fahren.)	– „ –
Der Vater fragt, wie der Sohn in der Schule steht. Der Lehrer:	»Il a **bien** travaillé.« (Er hat gut gearbeitet.)	– „ –
Pierre hat die Sportschau gesehen. Er sagt zu seinem Freund:	»Lille joue **mieux** que Rennes.« (Lille spielt besser als Rennes.)	einen Vergleich anstellen

Man unterscheidet: **Abgeleitete Adverbien** auf -*ment* (s. Abschnitt 1) und **ursprüngliche Adverbien** (s. Abschnitt 2).

1. Abgeleitete Adverbien

Die Ableitung des Adverbs geschieht im Hörbild anders als im Schriftbild:

1.1. Das abgeleitete Adverb im Hörbild

Ableitung auf [-mã]/-ment	männliches Adjektiv	weibliches Adjektiv	Adverb	
	heureux	heureu**se**	heureu**sement**	(glücklich)
	dangereux	dangereu**se**	dangereu**sement**	(gefährlich)
	certain	certain**e**	certain**ement**	(gewiß)
	difficile =	difficile	difficile**ment**	(schwierig)
	tranquille =	tranquille	tranquille**ment**	(ruhig)
	grave =	grave	grave**ment**	(schwer)

Abgeleitete Adverbien werden im Hörbild durch Anhängen von [mã] an die weibliche Form des Adjektivs gebildet. Entsprechend den allgemeinen Aussprachegesetzen kann die Aussprache eines [ə] notwendig werden, z. B. in *tristement* [tristəmã], *confortablement* [kõfɔrtabləmã] usw.

■ Besondere Ableitung liegt vor bei den Adjektiven, deren weibliche Form auf [-ã:t] (*-ente, -ante*) endet (außer: *lent, lentement*); hier wird diese Endung des Adjektivs ersetzt durch die Adverbendung [amã] (*-emment* bzw. *-amment*):

Ableitung auf [-amã] -emment, -amment aber:	männliches Adjektiv	weibliches Adjektiv	Adverb		
	■ évident	évidente	évid**emment**	(offensichtlich)	☐
	☐ élégant	élégante	élég**amment**	(elegant)	◨
	■ lent	lente	*lentement*	(langsam)	☐

1.2. Das abgeleitete Adverb im Schriftbild

i. allg. auf -ment	*männliches Adjektiv*	*weibliches Adjektiv*	*Adverb*	
	égal	égale	également	(gleich)
	heureux	heureuse	heureusement	(glücklich)
	confortable	confortable	confortablement	(bequem)

> Die Endung *-ment* wird im allgemeinen an die weibliche Form des Adjektivs angehängt.

Aber:

a. Die Endung *-ment* wird an die männliche Form angehängt, wenn diese in der Schreibung auf einen Vokal endet.

männliche Form auf Vokal:	*männliches Adjektiv*	*weibliches Adjektiv*	*Adverb*	
	absolu	(absolue)	absolument	(absolut)
	vrai	(vraie)	vraiment	(wahr)

b. ■ Adjektive auf *-ent* bilden das Adverb auf *-emment* (außer *lent*, s. S. 192).

Adjektive auf -ent → -emment	évident	évidente	évidemment	(offensichtlich)	□

c. ■ Adjektive auf *-ant* bilden das Adverb auf *-amment*.

Adjektive auf -ant → -amment	élégant	élégante	élégamment	(elegant)	■

2. Ursprüngliche Adverbien

bien	elle travaille **bien**	(gut)	dazugehöriges Adjektiv: *bon*
mal	elle travaille **mal**	(schlecht)	dazugehöriges Adjektiv: *mauvais*
vite	elle travaille **vite**	(schnell)	dazugehöriges Adjektiv: *rapide*

Weitere ursprüngliche Adverbien:

très grand	(sehr groß)	**beaucoup** trop	(viel zu viel)	**trop** dangereux	(zu gefährlich)
si bien	(so gut)	**plus** grand	(größer)		
tellement difficile	(so schwierig)	**moins** cher	(weniger teuer)		

Anmerkung

Wie ursprüngliche Adverbien verhalten sich folgende Formen:

a. **bon marché**

Ces oranges sont très **bon marché.** (Diese Apfelsinen sind sehr billig.)
Celles-ci sont encore **meilleur marché.** (Diese hier sind noch billiger.)
La voiture? Il l'a achetée/vendue **bon marché.** (Den Wagen? Den hat er billig gekauft/verkauft.)

b. ☐ cher

Während *cher, chère* als Adjektiv mit dem zugehörigen Substantiv übereinstimmt (s. S. 37), bleibt *cher* in folgenden Wendungen unverändert:

cher bleibt unverändert

acheter cher	(teuer kaufen)	C'est une jolie maison, mais il l'a achetée **cher.**	
vendre cher	(teuer verkaufen)	**payer cher**	(teuer bezahlen)
coûter cher	(teuer sein)		

Ebenso:

chanter juste/faux	(richtig/falsch singen)	**voir clair**	(klar sehen)
sentir bon/mauvais	(gut/schlecht riechen)	**parler bas/haut**	(leise/laut reden)

3. Der Gebrauch des Adverbs

Das Adverb bezieht sich:

a.	**auf den Satz**	Je le connais, **certainement**.	(Ich kenne ihn, gewiß.)
		Malheureusement nous n'avons pas de parapluie.	(Leider haben wir keinen Schirm.)
		■ On pense **également** à une augmentation des salaires.	(Man denkt auch an eine Lohnerhöhung.) ■
		C'est **justement** pourquoi je ne l'aime pas.	(Gerade deshalb mag ich ihn nicht.)
		☐ Cela ne changera rien, **naturellement**.	(Natürlich ändert das nichts.) ☐
b.	**auf das Verb**	On y va plus **confortablement** en avion.	(Man fährt bequemer mit dem Flugzeug.)
		On peut **facilement** trouver une station-service.	(Man kann leicht eine Tankstelle finden.)
		■ Cela ne se voit pas **tellement** en Allemagne.	(Das sieht man nicht so viel in Deutschland.) ■
		Elle parle **sérieusement**.	(Sie spricht ernsthaft.)
		Permettez-moi de vous dire **nettement** ce que j'en pense.	(Lassen Sie mich Ihnen deutlich sagen, was ich davon halte.)
		Il faut **absolument** rentrer demain soir. ☐	(Wir müssen unbedingt morgen abend zurück.) ☐
		◨ Je ne sais pas **exactement**.	(Ich weiß es nicht genau.) ◨
		Je vous remercie **infiniment** de votre lettre. ◨	(Ich danke Ihnen vielmals für Ihren Brief.) ◨
c.	**auf ein Adjektiv**	C'est trop **cher**.	(Das ist zu teuer.)
		C'est **vraiment** dangereux.	(Das ist wirklich gefährlich.)
		Pierre est **gravement** malade.	(Pierre ist schwer krank.)
		■ Jean est **complètement** épuisé.	(Jean ist völlig erschöpft.) ☐

d.	auf ein Zahlwort	Quatre francs **seulement**. ■ Il y a **exactement** 18 personnes dans ■ la salle.	(nur vier Francs.) (Es sind genau 18 Personen im Saal.)
e.	auf ein Adverb	moins **vite** ■ plus **confortablement**	(weniger schnell) (bequemer)

4. Die Steigerung des Adverbs

4.1.

Grundstufe	L'autobus va **vite**.	(fährt schnell)
Komparativ	Le taxi va **plus** vite **que** l'autobus.	(fährt schneller)
Superlativ	■ Le métro va **le plus** vite.	(fährt am schnellsten)
Grundstufe	Pierre travaille lentement.	(langsam)
Komparativ	Jean travaille **moins** lentement **que** Pierre.	(weniger langsam)
Superlativ	■ Claude travaille **le moins** lentement.	(am wenigsten langsam)

4.2. Besondere Steigerungsformen

Grundstufe	Il travaille	**bien.**	(Er arbeitet gut.)
Komparativ	Il travaille	**mieux** (que Jean).	(Er arbeitet besser.)
Superlativ	■ Il travaille	**le mieux.**	(Er arbeitet am besten.)
Grundstufe	Il travaille	**beaucoup.**	(Er arbeitet viel.)
Komparativ	Il travaille	**plus** (que Jean).	(Er arbeitet mehr.)
Superlativ	■ Il travaille	**le plus.**	(Er arbeitet am meisten.)
Grundstufe	Il travaille	**peu.**	(Er arbeitet wenig.)
Komparativ	Il travaille vgl. S. 206.	**moins** (que Jean).	(Er arbeitet weniger.)
Superlativ	■ Il travaille	**le moins.**	(Er arbeitet am wenigsten.)

5. Gleichsetzung/Vergleich

aussi ... que

| bejaht | Il court **aussi vite que** son frère. | (ebenso schnell wie) |

| verneint | Il **ne** court **pas aussi vite que** sa sœur. | (nicht so schnell wie) |
| | Il **ne** court **pas si vite que** sa sœur. | (nicht so schnell wie) |

■ In verneinten Sätzen kann *si* oder *aussi que* verwendet werden. ☐

6. Adverbien und adverbiale Ausdrücke

d'abord	Qu'est-ce que tu vas faire **d'abord**?	(zuerst)
■ **ailleurs**	Ils sont **ailleurs**.	(Sie sind anderswo.) ■
	Ils sont allés **ailleurs**.	(Sie sind anderswohin gegangen.)
☐	**d'ailleurs**	(übrigens) ☐
alors	**Alors** j'ai vu l'avion.	(da/dann habe ich das Flugzeug gesehen.)
	Alors, on y va?	(Also, dann, gehen wir?)
après	dix minutes **après**	(zehn Minuten später/danach)
	peu **après**	(kurz danach)
	et **après**?	(und dann? / was weiter?)
en arrière	Il a fait quelques pas **en arrière**.	(zurück; rückwärts; hinten)

Das Adverb

assez	1. Il gagne **assez**.	(genug)
	2. Il a **assez** d'argent.	(genug Geld)
	Il en a **assez**.	(genug davon)
	S. **Teilungsartikel,** S. 17.	
	3. C'est **assez** bien.	(recht gut)
	Ils sont **assez** riches.	(reich genug)
■ **au-dessous**	Pierre habite au 2e étage, et vous? – **Au-dessous.**	(darunter)
au-dessus □	Il fait 2 degrés. – Au-dessous? – Non, **au-dessus.**	(darüber)
aujourd'hui	**aujourd'hui**	(heute)
	Il va arriver **aujourd'hui** même.	(noch heute)
	Je vais rentrer **aujourd'hui** en huit.	(heute in acht Tagen)
	Elle est restée jusqu'**aujourd'hui**.	(bis heute)
aussi	1.	(auch)
	Je viens. Toi **aussi**?	(Ich komme. Du auch?)
	Vgl.: »Je ne viens pas.« – »Moi non plus.« (S. S. 215.)	
	2.	(so)
	Venez **aussi** vite **que** possible.	(so schnell wie möglich)
	Il est **aussi** grand **que** moi.	(ebenso groß wie ich)
	S. **Adjektiv** – **Vergleich,** S. 45.	
	Adverb – **Vergleich,** S. 197.	

autant	1. **autant (que)**	
	Pourquoi est-ce que vous travaillez **autant**?	(Warum arbeiten Sie so[viel]?)
	Il travaille **autant que** les autres.	(Er arbeitet ebenso sehr/viel wie die anderen.)
	autant bezieht sich auf ein Verb; vgl. dazu *aussi*, S. 45 und S. 198.	
	◧ **Anmerkung:**	◧
	Mais il **ne** travaille **pas autant que** nous.	(Er arbeitet nicht so sehr/viel wie wir.)
	oder: Mais il **ne** travaille **pas tant que** nous.	
	◧ Il travaille **autant que** possible.	(Er arbeitet so viel wie möglich.) ◧
	2. **autant de**	
	S. **Teilungsartikel,** S. 17.	
	Il a **autant de** disques que moi.	(Er hat ebensoviel Schallplatten wie ich.)
■ **tout autour**	Il y a des maisons **tout autour.**	(Rundherum stehen Häuser.) ■
□ **autrefois**	**Autrefois** nous faisions souvent des excursions.	(Früher machten wir oft Ausflüge.) □
avant	une heure **avant**	(eine Stunde vorher)
	◧ s'asseoir à l'**avant**	(sich vorn hinsetzen) ◧
	◧ en **avant**	(vorwärts) ◧
	Il est rentré **avant-hier.**	(vorgestern)
bas	1. Je vous attends **en bas.**	(unten)
	2. Regarde **là-bas.**	(dahinten, da unten)
	■ 3. Parlez **bas.**	(leise) □

Das Adverb 199

beaucoup		1. **beim Verb:** Il travaille **beaucoup**.	(viel, sehr)
		Cela m'intéresse **beaucoup**.	(sehr)
		2. **bei** *plus/moins:* Il en a **beaucoup** plus/moins.	(viel)
		Son frère gagne **beaucoup** plus.	(Sein Bruder verdient viel mehr.)
	aber:	vgl. *très*, S. 212.	
		3. **beaucoup de** + Substantiv	
		J'ai dépensé **beaucoup** d'argent.	(viel Geld)
		Il y a **beaucoup** de monde.	(Viele Leute sind da.)
		Tu veux des bonbons? – J'en ai **beaucoup**./	(Ich habe viele davon.)/
		Je n'en ai plus **beaucoup**.	(Ich habe nicht mehr viele davon.)
bien		1. *bien* bestimmt Verben (a) und Adjektive/Adverbien (b) näher:	
		a. Vous travaillez **bien**.	(Sie arbeiten gut.)
		Je me sens **bien**.	(Ich fühle mich gut/wohl.)
		b. Vous êtes **bien** aimable.	(Sie sind sehr freundlich.)
		Ce gâteau est bon; il est **bien** meilleur que les autres.	(Dieser Kuchen ist gut; er ist viel besser als die andern.)
		bien sûr	(natürlich, selbstverständlich)
		bien souvent	(ziemlich, sehr oft)
		■ 2. **bien + du / de la / des** + Substantiv: S. **Teilungsartikel**, S. 18.	(sehr viel[e]) ■
		■ Il fait **bien** du bruit.	(Er macht sehr viel Lärm.) ■
bientôt		Elle reviendra **bientôt**.	(bald)

comme	Faites **comme** chez vous.	(Fühlen Sie sich wie zu Hause.)
	Il parle le français **comme** l'allemand.	(Er spricht Französisch wie Deutsch.)
	Oui, **comme** ça, très bien.	(Ja, so, sehr gut.)
	■ Et **comme** boissons?	(Und was trinken Sie?) ■
	□ **Comme** patron, il est très chic.	(Als Chef ist er prima.) □
contre	Je suis **contre**.	(Ich bin dagegen.)
	■ par **contre**	(dagegen, andererseits) □
côté	à **côté**	(nebenan)
	■ d'un **côté** . . . de l'autre	(einerseits . . . andererseits) ■
debout	**debout**	(stehend, aufrecht, auf den Beinen)
	rester **debout:** Ils restent debout.	(stehenbleiben)
	être **debout:** Elle est debout.	(stehen)
dedans	Elle est dans la classe? – Oui, elle est **dedans**.	(drinnen, darin, hinein)
là-dedans	Où est-elle? – **Là-dedans**.	(da, dort drinnen)
dehors	**dehors**	([nach] draußen)
	en **dehors**	(außerhalb)
	□ ne pas se pencher au **dehors**	(nicht hinauslehnen!) □
déjà	Vous avez **déjà** lu le journal d'aujourd'hui?	(schon)
demain	**demain**	(morgen)
	demain matin	(morgen früh)
	demain à midi	(morgen mittag)

derrière	■ Il s'asseoit **derrière**.	(Er setzt sich hinten hin.) ■
devant	☐ Il s'asseoit **devant**.	(Er setzt sich vorne hin.) ☐
donc	venez **donc**!	(Kommen Sie doch!)
	dites **donc**!	(Sagen Sie mal!)
	pourquoi **donc**?	(warum denn?)
	Il est malade; il ne pourra **donc** pas venir.	(Er wird also nicht kommen können.)
à droite	Le train pour Paris? – **A droite,** s.v.p.	(rechts)
■ **effet**	à cet **effet**	(zu diesem Zweck) ■
☐	en **effet**	(in der Tat, zwar, wirklich) ☐
en	S. **Personalpronomen,** S. 80.	
encore	il n'est pas **encore** rentré	(er ist noch nicht nach Hause gekommen)
	encore plus	(noch mehr)
	encore une fois	(noch einmal)
enfin	**Enfin** le voilà.	(endlich, schließlich)
ensemble	**ensemble**	(zusammen)
	Ils sont souvent **ensemble**.	(Sie sind oft zusammen.)

ensuite	Prenez la rue à droite, **ensuite** c'est tout droit.	(darauf, danach, dann)	
■ **en face**	Qui est le monsieur **en face**?	(gegenüber)	☐
fait	■ En **fait,** il a raison.	(tatsächlich)	■
	☐ tout à **fait** d'accord	(vollkommen einverstanden)	☐
	◧ Au **fait,** pourquoi est-il rentré?	(eigentlich)	◧
■ **au fond**	**Au fond,** je l'aime bien.	(im Grunde genommen)	☐
à gauche	La gare est à droite? – Non, **à gauche**.	(links)	
haut	1. Je vous attends en **haut**.	(oben)	
	■ 2. Parlez plus **haut**.	(lauter)	■
	3. Regardez là-**haut**.	(da oben)	
	☐ 4. **Haut** les mains!	(Hände hoch!)	☐
hier	**hier**	(gestern)	
	hier matin	(gestern morgen)	
ici	c'est **ici**	(hier)	
	Viens **ici**.	(hierher)	
	■ jusqu'**ici**	(bis hier, bis jetzt)	☐

Das Adverb

jamais	■ As-tu **jamais** vu son passeport?	(Hast du jemals seinen Paß gesehen?) ■
	Je n'ai **jamais** vu son frère.	(Ich habe seinen Bruder niemals gesehen.)
	S. **Verneinung**, S. 214.	
là	1. Quelle est cette maison-**là**?	(Was ist das für ein Haus da drüben?)
	Quelles sont ces maisons-**là**?	(Was sind das für Häuser da drüben?)
	à ce moment-**là**	(in dem Augenblick)
	2. Quel livre voulez-vous? – Je prends celui-**là**.	(Ich nehme dieses.)
	S. **Demonstrativpronomen**, S. 61.	
	3. Est-ce que Robert est **là**?	(Ist Robert da?)
	4. à quelque temps de **là**	(einige Zeit später)
	5. **là**-bas	(da hinten, da unten)
	■ **là**-dedans	(da drinnen) ■
	là-dessous	(darunter)
	là-dessus	(darüber)
	☐ **là**-haut	(da/dort oben) ☐
■ **le lendemain**	**le lendemain**	(am nächsten Tag) ■
☐	**le lendemain** matin	(am nächsten Morgen) ☐
loin	**loin**	(weit weg)
	ce n'est pas **loin** d'ici	(das ist nicht weit von hier)
	■ au **loin**	(in der Ferne) ■
	je l'ai vu de **loin**	(ich habe ihn von weitem gesehen)
	de **loin** le plus beau	(bei weitem das Schönste)
	☐ Vous allez trop **loin**.	(Sie gehen zu weit.) ☐

■ à la longue	**A la longue,** ça revient bien cher.	(auf die Dauer) □
maintenant	Qu'est-ce qu'on fait **maintenant**?	(jetzt)
mal	1. Vous vous sentez **mal,** Monsieur? 2. Ce n'est pas **mal.** Ça va? – Pas **mal.**	(Fühlen Sie sich schlecht?) (Das ist nicht schlecht.) (Wie geht's? – Nicht schlecht.)
matin	demain **matin** le **matin** à 11 heures du **matin** tous les **matins** à 7 heures	(morgen früh) (am Morgen, morgens) (um 11 Uhr morgens/vormittags) (jeden Morgen um 7 Uhr)
■ au maximum	Ça prend longtemps de réparer le moteur? – Deux heures **au maximum.**	(höchstens . . .) ■
même □	**même** si tu avais raison . . . aujourd'hui **même** tout de **même** Tu n'as pas encore fini? Quand **même**! S. **Indefinitpronomen,** S. 69.	(Selbst wenn du recht hättest . . .) (noch heute) (trotzdem) (Du bist noch nicht fertig? Na, hör mal.) □
midi	à **midi**	(mittags; um 12 Uhr)
mieux	S. **bien,** S. 196.	
■ au minimum	Ça fera 2.000 francs **au minimum.**	(mindestens) □

à minuit	Je vais rentrer **à minuit**.	(um Mitternacht)
moins	■ 1. Elle est restée **moins de** deux heures.	(weniger als zwei Stunden) ■
	Il gagne **moins** de 750 F.	(weniger als 750 Francs)
	☐ Il gagne **moins** que moi.	(weniger als ich) ☐
	2. C'est **moins** cher.	(weniger teuer; billiger)
	Ce modèle est **moins** intéressant que les autres.	(weniger interessant) ☐
	Il travaille **moins** vite que son frère.	(weniger schnell)
	■ C'est le **moins** intéressant.	(am wenigsten interessant) ■
	Voici l'émission pour nos **moins** jeunes.	(für die etwas Älteren)
	☐ Il est le **moins** grand de tous.	(der Kleinste) ☐
	3. Il y a **moins** de monde qu'hier.	(Es sind weniger Leute als gestern da.)
	4. S. **Uhrzeit,** S. 54.	
	Il est onze heures **moins** 10.	(zehn Minuten vor 11)
	Il est onze heures **moins** le quart.	(Viertel vor 11/drei Viertel 11)
	■ 5. Il a perdu au **moins** 1.000 F.	(mindestens) ■
	Au **moins** vous faites quelque chose.	(wenigstens)
	Le franc devient de **moins** en **moins** stable.	(immer weniger stabil)
	☐ Il est seul. Du **moins** il paraît seul.	(wenigstens) ☐
non	**Non.**	(nein)
	Tu viens? – **Non.**	(Nein.)
	Je viendrai samedi et **non** vendredi.	(Ich komme Samstag und nicht Freitag.)

oui	**Oui.**	(Ja)
	Tu viens? – **Oui.**	(Ja.)
	Vgl. **aber:** *si,* S. 209.	
■ part	d'une **part** ... d'autre **part**	(einerseits ... andererseits) ■
	de toutes **parts**	(von/auf/nach allen Seiten)
	Saluez-le de ma **part.**	(Grüßen Sie ihn von mir!)
	de notre **part**	(unsererseits; von uns)
	quelque **part**	(irgendwo[hin])
☐	(ne ...) nulle **part**	(nirgendwo[hin]) ☐
partout	**partout**	(überall)
	partout en Allemagne	(überall in Deutschland)
■ à peine	Il a **à peine** dix ans.	(Er ist kaum zehn Jahre alt.) ☐
peu	1. Il travaille **peu.**	(wenig)
	Elle mange **peu.**	(wenig)
	2. un **peu** de beurre	(ein wenig Butter)
	peu de gens	(wenig Leute)
	il y a **peu** de temps	(vor kurzem)
	S. **Teilungsartikel** S. 17.	
	■ 3. **peu** après, **peu** avant	(wenig später/vorher ...) ■
	4. à **peu** près	(ungefähr)
	☐ **peu** à **peu**	(allmählich, nach und nach) ☐
peut-être	**peut-être**	(vielleicht)
	Il viendra **peut-être.**	(Er kommt vielleicht.)

plus	1. Il est resté **plus de** deux heures. [ply]	(mehr als zwei Stunden)	
	2. Elle est **plus** petite que les autres. [ply]	(Sie ist kleiner als die anderen.)	
	C'est **la plus** petite.	(die Kleinste)	
	■ Il va venir le **plus** vite possible.	(so schnell wie möglich)	□
	S. **Steigerung der Adjektive,** S. 43, und **der Adverbien,** S. 196.		
	3. Il **ne** travaille **plus.** S. **Verneinung,** S. 214.	(nicht mehr)	
	Je **ne** fume **plus.** – Moi **non plus.** [ply]	(Ich rauche nicht mehr. – Ich auch nicht.)	
	■ 4. La vie devient **de plus en plus** difficile.	(immer schwieriger)	■
	Plus je bois, **plus** j'ai soif. [ply]	(Je mehr ich trinke, um so mehr Durst habe ich.)	
	de **plus** / en **plus** [plys]	(außerdem, mehr)	
	□ au **plus** [plys]	(höchstens)	□
	5. Il en a **plus** (que moi). [plys]	(Er hat mehr [als ich].)	
	Il travaille **plus** que moi. [plys]	(mehr als ich)	
	S. **Steigerung der Adverbien,** S. 196.		
■ **pourtant**	Il a bien travaillé et **pourtant** il n'a pas réussi.	(dennoch, doch)	□
près	Il habite tout **près.**	(Er wohnt ganz in der Nähe.)	
	■ à peu **près**	(ungefähr)	□
presque	Elle a **presque** 30 ans.	(Sie ist fast 30.)	
■ **puis** □	**puis**	(dann, darauf)	■
	et **puis?**	(und dann? / na und?)	□
■ **quand même**	Il viendra **quand même.**	(Er kommt trotzdem.)	□

■ que□	Qu'elle est belle!Qu'il fait beau aujourd'hui!	(Wie schön sie ist!)(Wie schön ist es heute!)
quelquefois	quelquefoisElle vient **quelquefois** me voir.	(manchmal)(Sie besucht mich manchmal.)
seulement	Cela coûte **seulement** 10 F.Je viendrai **seulement** le soir.	(Das kostet nur 10 Francs.)(Ich komme erst abends.)
si	1. Tu ne viens pas? – **Si.** – Mais **si.**Vgl. *oui*, S. 207.2. C'est **si** bon. S. **Adjektiv – Vergleich**, S. 45. Zu *si* = **Konjunktion** (*dt.* wenn) s. S. 124.	(doch)(aber ja)(so)
■ souvent	souventIl m'écrit **souvent**.	(oft)(Er schreibt mir oft.)
tant□	1. Il ne travaille pas **tant que** nous. S. **autant**, S. 199.2. Il a **tant d'**idées. S. **Teilungsartikel**, S. 17.3. **tant** mieux **tant** pis	(so viel wie wir)(so viele Ideen)(um so besser)(um so schlimmer)

tard	**tard**	(spät)
	à plus **tard**	(bis später!)
tellement	1. **bei Adjektiven**	
	Il est **tellement** pauvre.	(so arm)
	C'est **tellement** cher.	(so teuer)
	2. **bei Verben**	
	Il a **tellement** travaillé (qu'il n'en peut plus).	(so sehr gearbeitet)
	Cela ne m'intéresse pas **tellement**.	(nicht so sehr)
	Vous aimez le vin? – Pas **tellement**.	(nicht so sehr)
	■ 3. **bei Substantiven**	
	Il a **tellement** peur.	(so viel Angst)
	■ Il a **tellement** de soucis.	(so viel Sorgen)
tôt	**tôt**	(früh)
	Je me suis levé très **tôt**.	(Ich bin sehr früh aufgestanden.)
	Ce n'est pas trop **tôt**.	(Es ist nicht zu früh.)
toujours	**toujours**	(immer)
	Il est **toujours** malade.	(Er ist immer [noch] krank.)
■ **tout**		(ganz)
	1. Vor maskulinen Adjektiven:	
	Jean est **tout** triste. Jean est **tout** heureux.	(ganz traurig; ganz glücklich)

(tout)

(Vor maskulinen Adjektiven)
- Ses amis sont **tout** contents. Ils sont **tout** heureux. (ganz zufrieden; ganz glücklich)

tout ist hier im Schriftbild unverändert; das Hörbild lautet [tu] (vor Konsonanten) oder [tut] (vor Vokalen und stummem *h*).

2. Vor femininen Adjektiven:
   Elle est **toute** triste. Elle est **tout** heureuse. (ganz traurig; ganz glücklich)

   Ses amies sont **toutes** tristes. Elles sont **tout** heureuses. (ganz traurig; ganz glücklich)

tout steht vor Adjektiven, die mit einem Vokal oder stummem *h* beginnen; *toute(s)* steht vor Adjektiven, die konsonantisch beginnen. Die gesprochenen Formen lauten überall [tut].

pas du tout	Tu es content? – **Pas du tout.**	(keineswegs)
rien du tout	Tu as trouvé quelque chose? – **Rien du tout.**	(überhaupt nichts)
tout à l'heure	Il reviendra **tout à l'heure.** Je l'ai vu **tout à l'heure.**	(gleich; gerade, soeben)
tout de suite	Vous pourriez m'aider? – Oui, **tout de suite.**	(sofort)
tout à coup	... **Tout à coup** je vois une voiture ...	(plötzlich)
tout à fait	Vous êtes d'accord? – **Tout à fait.**	(ganz und gar)
tout de même	**Tout de même,** il a raison.	(trotzdem)

tout steht in einer Reihe von festen Wendungen. *tout* als **Adjektiv** s. S. 71

Das Adverb

très	Vous travaillez **très** bien.	(sehr gut)
	à **très** bientôt	(bis [auf recht] bald)
	C'est **très** intéressant.	(sehr interessant)
	très ergänzt ein Adjektiv oder Adverb.	
aber:	vgl. *beaucoup*	
trop	1. Tu parles **trop**.	(zuviel)
	2. Au mois d'août, il y a **trop** de monde partout.	(zu viele Leute)
	Ces hôtels ont **trop** de clients.	(zu viele Gäste)
	S. **Teilungsartikel,** S. 17.	
	3. Les vacances sont **trop** courtes.	(zu kurz)
	C'est **trop** cher.	(zu teuer)
vite	vite	(schnell)
	le plus **vite** possible	(so schnell wie möglich)
■ **volontiers** □	**volontiers**	(gerne)
	Je viens **volontiers**.	(Ich komme gerne.)
y	S. **Personalpronomen,** S. 80.	

212 Das Adverb

7. Adverbiale Strukturen (ohne Präpositionen)

7.1.	mit bestimmtem Artikel	**Le matin,** nous avons visité Notre-Dame.	(morgens)
		L'après-midi, nous sommes allés au musée du Louvre.	(nachmittags)
		L'entrée est gratuite **le dimanche.**	(sonntags)
		Le lendemain, il n'était plus là.	(am nächsten Tag)
		Il était parti **la veille.**	(Er war am Vortag abgereist.)
		L'autre jour, j'ai rencontré un vieil ami.	(Neulich habe ich einen alten Freund getroffen.)
		Je le verrai **la semaine prochaine.**	(nächste Woche)
		Tu m'as donné un livre **l'année dernière.**	(letztes Jahr)
		Il produit un film **tous les deux ans.**	(alle zwei Jahre)
7.2.	ohne Artikel oder andere Bestimmungswörter	**Lundi** ma femme a visité les beaux musées.	(am Montag)
		Samedi soir, nous sommes allés voir des amis.	(am Samstagabend)
		Il neige **jour et nuit.**	(Tag und Nacht)
7.3.	mit Zahlwort/ unbestimmtem Pronomen	Vous voulez rester **quelques jours?**	(einige Tage)
		Quelques heures plus tard, j'ai remarqué que mon portefeuille avait disparu.	(einige Stunden)
		J'ai dû rester **deux jours** à Paris.	(zwei Tage)
7.4.	mit unbestimmtem Artikel	**Un matin,** il dit à sa femme: ».. .«.	(eines Morgens)
		Je vous laisse les enfants **un moment.**	(einen Augenblick)
		J'ai dû attendre **un quart d'heure.**	(eine Viertelstunde)
7.5.	mit Demonstrativpronomen	J'ai quitté la maison **ce matin.**	(heute morgen)
		Cet été nous ferons du camping.	(in diesem Sommer)

Das Adverb

Die Negation / die Verneinung (la négation)

Gebrauch und Bedeutung der Negation

Situation	Äußerung	Bedeutung
Jemand behauptet etwas. Ein anderer antwortet:	»Ce **n'**est **pas** vrai.« (Das ist nicht wahr.)	widersprechen
Freunde wollen am Ferienanfang zu Besuch kommen.	»**Ne** venez **pas** dimanche.« (Kommt nicht am Sonntag.)	abraten
Nach einem Streit laden Sie zum Gespräch ein. Ihr Bekannter sagt:	»Je **ne** viendrai **pas**.« (Ich komme nicht.)	ablehnen
Sie fragen nach einem Freund.	»Il **n'**est **plus** à Paris.« (Er ist nicht mehr in Paris.)	verneinen

1. Form

Die Verneinungswörter

ne ... pas	Elle **ne** vient **pas**.	(Sie kommt *nicht*.)
ne ... plus	Elle **ne** chante **plus**.	(Sie singt *nicht mehr*.)
ne ... rien	Je **n'**ai **rien** acheté.	(Ich habe *nichts* gekauft.)
ne ... jamais	Il **ne** rit **jamais**.	(Er lacht *nie*.)
ne ... personne	Je **ne** connais **personne** ici.	(Ich kenne hier *niemanden*.)

(Die Verneinungswörter)		
personne ... ne	Personne n'est venu.	(*Niemand* ist gekommen.)
ne ... que	Il n'en a que deux.	(Er hat *nur* zwei davon.)
ne ... pas tu tout	Je ne le crois pas du tout.	(Ich glaube ihm *überhaupt nicht*.)
ne ... rien du tout	Je ne vois rien du tout.	(Ich sehe *überhaupt nichts*.)
ne ... ni ... ni	Il n'a ni faim ni soif.	(Er hat *weder* Hunger *noch* Durst.)
ne ... pas non plus	je ne viendrai pas non plus.	(Ich komme *auch nicht*.)
ne ... nulle part	Je ne le trouve nulle part.	(Ich finde ihn *nirgendwo*.)
ne ... aucun(e)	Je n'ai aucun doute.	(Ich habe *keinerlei* Zweifel.)
ne ... guère	Je ne le connais guère.	(Ich kenne ihn *kaum*.)

Anmerkung:

a. Auf die Schriftsprache beschränkt sich der Gebrauch von:

ne ... nullement	Je ne vous crois nullement.	(Ich glaube Ihnen keineswegs.)
nul ... ne	Nul n'est venu nous rendre visite.	(Niemand ist zu uns zu Besuch gekommen.)

b. | non plus | vgl. **aussi**, S. 198. |

c. Die substantivische Form *aucun/aucune ... ne* **ist eher gehobene Sprache:**

Substantivische Form aucun(e) ... ne	Aucun d'eux ne m'a aidé.	(Niemand von ihnen hat mir geholfen.)
	Je n'aime aucune d'elles.	(Ich mag keine von ihnen.)

d. | sans + Infinitiv | Il est parti sans rien dire. | (... ohne etwas zu sagen.) |
|---|---|---|
| | Il est parti sans parler à personne. | (... ohne mit jemandem zu sprechen.) |

Bei *sans* + Infinitiv: kein *ne*.

Die Negation

2. Der Gebrauch von *ne*

2.1. In gesprochener, familiärer Sprache entfällt das *ne*:

»Tu viens pas?« (Kommst du nicht?)

2.2. Das *ne* entfällt, wenn kein Verb vorhanden ist:

Pas du tout	(Keineswegs./Überhaupt nicht.)	**Pourquoi pas?**	(Warum nicht?)
De rien!	(Bitte!/Keine Ursache!/Macht nichts!)	Vous l'avez vu? – **Jamais.** – **Nulle part.**	(Haben Sie ihn gesehen? – Niemals.) (Nirgends.)
Je ne viens pas. – **Moi non plus.**	(Ich auch nicht.)	**Pas moi.**	(Ich nicht.)
Qui sait la vérité? – **Personne.**	(niemand)	**Pas un.**	(Nicht einer.)
Qu'a-t-il fait? – **Rien** (du tout).	(nichts/überhaupt nichts)	■ Tu les connais? – **Ni** l'un **ni** l'autre.	(Weder den einen noch den anderen.) ☐

Aber:
Je viens. – *Moi aussi.* Vgl. S. 198.

2.3. ■ In „gehobener" Sprache kann in einigen Fällen das *ne* alleine die Verneinung zum Ausdruck bringen, z. B. bei *oser, savoir, pouvoir*: ■

Je **ne** sais (pas) où. (Ich weiß nicht, wo.)
Ils **n'**osent (pas) parler. (Sie wagen nicht zu sprechen.)
■ On **ne** pourrait (pas) le dire. (Das könnte man nicht sagen.) ■

216 Die Negation

2.4. ☐ Im gleichen Bereich der Sprache findet sich nach Verben wie *avoir peur, craindre* (Angst haben, fürchten) ein ☐ *ne* im *que*-Satz, das nicht eigentlich eine Verneinung ausdrückt.

J'ai peur qu'il **ne** vienne. (Ich fürchte, daß er kommt.)
☐ J'ai peur qu'il **ne** vienne **pas**. (Ich fürchte, daß er nicht kommt.) ☐

3. Die Stellung der Verneinungswörter

3.1. Das Verb steht in einer einfachen Zeitform, z. B. im Präsens:

einfache Zeitformen					
		Je	ne	viens	**pas.**	(Ich komme nicht.)
		Je	ne	cherche	**pas** le livre.	(Ich suche das Buch nicht.)
		Je	ne le	cherche	**pas.**	(Ich suche es nicht.)
		Il	ne	dit	**rien.**	(Er sagt nichts.)
		Je	n'en	sais	**rien.**	(Ich weiß nichts davon.)
	aber:	**Rien**	ne	va	**plus.**	(Nichts geht mehr.)
		Je	ne	vois	**personne.**	(Ich sehe niemanden.)
	aber:	**Personne**	ne	vient.		(Niemand kommt.)
		■ Je	ne	vois	**que** Jean et Pierre.	(Ich sehe nur Jean und Pierre.) ■
		Je	ne	vois	**ni** Jean **ni** Pierre.	(Ich sehe weder Jean noch Pierre.)
		☐ Je	n'	achète	**aucun** journal.	(Ich kaufe überhaupt keine Zeitung.) ☐

3.2. Das Verb steht in einer zusammengesetzten Zeit, z. B. im Perfekt:

zusammengesetzte Zeitformen		Je	n'	ai	pas	cherché le livre.	(Ich habe das Buch nicht gesucht.)
		Je	ne l'	ai	pas	trouvé.	(Ich habe es nicht gefunden.)
		Je	n'	ai	rien	vu.	(Ich habe nichts gesehen.)
Aber:		Je	n'	*ai vu*	**personne.**		(Ich habe niemanden gesehen.)
	■	Je	n'	*ai acheté*	**aucun**	journal.	(Ich habe überhaupt keine Zeitung gekauft.)

3.3. Hilfsverb + Infinitiv, darunter auch das Futur composé:

Hilfsverb + Infinitiv	Je	ne	veux	pas	le chercher.	(Ich will ihn nicht suchen.)
	Je	ne	vais	pas	lire ce livre.	(Ich werde dieses Buch nicht lesen.)

3.4. Ein Infinitiv wird verneint:

verneinter Infinitiv	Je lui	demande de **ne pas** partir.	(Ich bitte ihn, nicht abzureisen.)
	Je lui	demande de **ne pas** le faire.	(Ich bitte ihn, das nicht zu tun.)

Grundsätzlich gilt: Die Verneinung umrahmt das Verb (bzw. Personalpronomen und Verb):
  1. in einfachen Zeitformen (z. B. Präsens) wird das Hauptverb umrahmt,
  2. in zusammengesetzten Zeiten (z. B. Perfekt) wird das Hilfsverb umrahmt,
  3. bei Hilfsverb + Infinitiv wird das Hilfsverb umrahmt,
  4. bei Verneinung eines Infinitivs treten beide Verneinungswörter zusammen vor den Infinitiv.

Der Satz und seine Verknüpfungen

Die Wortstellung *(l'ordre des mots)*

1. Die Wortstellung im Aussagesatz

1.1. Die Stellung des Subjekts

a. **wie im Deutschen:
das Subjekt steht
vor dem Verb**

Pierre	cherche	la valise.
(Pierre	sucht	den Koffer.)
Pierre	est	malade.
(Pierre	ist	krank.)
Il	est arrivé	hier matin.
(Er	ist	gestern morgen angekommen.)

Das Subjekt steht i. a. vor dem Verb.

b. **abweichend vom
Deutschen:
das Subjekt steht
vor dem Verb**

Hier soir	**Pierre**	est allé voir	son frère.
(Gestern abend	hat	Pierre	seinen Bruder besucht.)
Maintenant	**il**	travaille	dans son bureau.
(Jetzt	arbeitet	er	in seinem Büro.)

Auch bei voranstehender adverbialer Bestimmung (z. B. *hier soir, maintenant*) steht das Subjekt im Französischen **vor** dem Verb (im Gegensatz zum Deutschen).

c.	**wie im Deutschen: das Subjekt folgt dem Verb**	»Où est Pierre?« demande **Gisèle**.	(»Wo ist Pierre?« fragt Gisèle.)
		»Où est Pierre?« demande-t-**elle**.	(»Wo ist Pierre?« fragt sie.)

Das Subjekt folgt dem Verb in einem Satz, der die direkte Rede anzeigt (wie im Deutschen).

1.2. Die Stellung der Objekte

	direktes Objekt	**indirektes Objekt**	
Pierre cherche (Pierre sucht	**la valise.** den Koffer.)		
Il téléphone (Er telefoniert		**à Gisèle.** mit Gisèle.)	
Il demande (Er bittet	**l'adresse** Gisèle	**à Gisèle.** um die Adresse.)	
Gisèle va apporter (Gisèle wird	**la grande valise noire** Pierre	**à Pierre.** den großen schwarzen Koffer bringen.)	
Gisèle va apporter, (Gisèle wird		**à Pierre,** Pierre	**la grande valise noire.** den großen schwarzen Koffer bringen.)

Hinter dem Verb steht i. a. zunächst das direkte, dann das indirekte Objekt. Trägt dabei das direkte Objekt die eigentliche Aussage oder ist es von seiner Form her schwergewichtig, dann steht es (wie im letzten Beispielsatz) **hinter** dem indirekten Objekt.

1.3. Stellung der Verbteile

Il **est venu** hier soir.
(Er *ist* gestern abend *gekommen*.)

Ce matin il **a acheté** une nouvelle valise.
(Heute morgen *hat* er einen neuen Koffer *gekauft*.)

Gisèle **va venir** demain matin.
(Gisèle *wird* morgen früh *kommen*.)

> Die vom Deutschen her bekannte Endstellung eines Verbteils in den zusammengesetzten Zeiten ist im Französischen nicht möglich.

1.4. Stellung der Negation, s. S. 217.

1.5. Stellung der Personalpronomen, s. S. 82.

1.6. Stellung der Adjektive, s. S. 42.

1.7. Stellung der Adverbien, s. S. 195.

1.8. Möglichkeiten der Hervorhebung einzelner Satzteile:

 a. durch *c'est . . . qui/c'est . . . que*
    s. **Demonstrativpronomen,** S. 63.

b. ■ durch Voranstellung eines Substantivs und Wiederaufnahme durch das entsprechende Personalpronomen.

Ces gens-là, tu les connais? (Kennst du die Leute da?)

Il ne viendra pas, **Pierre.** (Pierre wird nicht kommen.)
Je ne **le** connais pas, **son père.** (Ich kenne seinen Vater nicht.)
Tu **y** vas aussi, **à Paris**? (Fährst du auch nach Paris?)
Tu **la lui** as donnée, **la lettre, à Pierre**? (Du, den Brief, hast du den Pierre gegeben?)

> Ein Pronomen kann durch nachgestellte Substantive wieder aufgenommen werden; diese Nachstellung dient der nachträglichen Erläuterung und ist in der gesprochenen Sprache sehr häufig.

Il est très bien, **ce film.** (Er ist s e h r gut, dieser Film.)

□ Die eigentliche Aussage des Satzes *(très bien)* wird auf diese Weise durch Voranstellung hervorgehoben.) □

2. Die Wortstellung im Fragesatz s. S. 88.

3. Die Wortstellung im Befehlssatz s. S. 83.

4. Die Wortstellung im Nebensatz entspricht der Wortstellung im Hauptsatz:

a. Où est le livre que je t'ai donné? (Wo ist das Buch, das ich dir gegeben habe?)
Il dit qu'il va au cinéma. (Er sagt, daß er ins Kino geht.)

> Im Deutschen steht dagegen das konjugierte Verb am Ende des Nebensatzes (s. oben **Aussagesatz**).

b. Je ne sais pas où il est. (Ich weiß nicht, wo er ist.)
Tu sais pourquoi il va à Paris? (Weißt du, warum er nach Paris fährt?)

> Diese Gesetzmäßigkeit findet sich dementsprechend auch in den abhängigen Fragesätzen.

Die Konjunktionen/die Bindewörter (les conjonctions)
Gebrauch und Bedeutung der Konjunktionen

Situation	Äußerung	Bedeutung
Sie fragen einen Freund, wie er seinen Tag verbringt.	»**Quand** il fait beau, je sors.« (Wenn schönes Wetter ist, gehe ich spazieren.)	einen Zeitpunkt angeben
Sie fragen nach einem Freund.	»Il est si malade **qu'**il ne peut pas venir.« (Er ist so krank, daß er nicht kommen kann.)	eine Folge angeben

1. Form und Stellung

a.	zeitliche Angaben machen	Je reste à la maison **quand** il pleut. ■ Venez **avant qu'**il soit trop tard. Qu'est-ce que tu as fait **pendant que** j'étais parti? ☐ **Depuis que** vous êtes ici . . . ■ **Dès qu'**elle sort . . . Attendez **jusqu'à ce que** Pierre soit rentré. Gisèle m'a téléphoné une demi-heure **après** ☐ **que** ses enfants étaient partis.	(wenn es regnet) (Bevor es zu spät ist) (*avant que* löst den *Subjonctif* aus) ■ (während ich fort/verreist war) (seit Sie hier sind . . .) ☐ (sobald sie hinausgeht . . .) ■ (bis Pierre zurückgekehrt ist) (*jusqu'à ce que* löst den *Subjonctif* aus) (eine halbe Stunde, nachdem ihre Kinder abgefahren waren) ☐
b.	wörtliche Rede einleiten	Il dit **qu'**il est malade.	(Er sagt, daß er krank ist/sei.)
c.	einen Grund angeben	Il ne peut pas venir **parce qu'**il a eu un accident. Il est malade, **c'est pourquoi** il reste chez lui. ■ J'ai une bonne connaissance du français, **car** j'ai passé une année en France. **Comme** tu as déjà ce livre, je vais te donner ☐ autre chose.	(weil er einen Unfall gehabt hat) (daher bleibt er zu Hause) (denn ich habe ein Jahr in Frankreich verbracht.) ■ (Da du das Buch schon hast, werde ich dir etwas anderes geben.) ☐
d.	die Folge ausdrücken	Il est si malade **qu'**il ne peut pas venir.	(daß er nicht kommen kann)

e.	■ das Ziel, den Zweck ausdrücken □	■ Je me suis dépêché **pour que** je sois à la maison avant vous. □ Fais plus vite **afin que** tu sois le premier.	(damit ich vor euch zu Hause bin) (*pour que* löst den *Subjonctif* aus.) ■ □ (damit du der erste bist) (*afin que* löst den *Subjonctif* aus) □
f.	□ einräumen □	Il m'a écrit **bien qu'**il soit très malade. Ton salaire reste au même point, **bien que** tu travailles sans arrêt. Tu viens me voir, **à moins que** tu ne sois malade?	(obwohl er sehr krank ist) □ (obwohl du ununterbrochen arbeitest) (*bien que* löst den *Subjonctif* aus) (Kommst du mich besuchen, es sei denn, daß du krank bist?) (*à moins que* steht mit dem *Subjonctif*.) □
g.	eine Bedingung angeben	**S'**il ne fait pas beau, je ne sors pas. ■ **Même si** tu avais raison. □ **à condition qu'**il vienne.	(Wenn kein schönes Wetter ist/sein sollte) (Selbst wenn du recht hättest) □ (vorausgesetzt er kommt) (*à condition que* löst den *Subjonctif* aus) □
h.	wörtliche Rede wiedergeben	Il dit **qu'**il est malade.	(Er sagt, daß er krank ist/sei.)
i.	vergleichen	Il ne vient pas, **comme** tu l'as déjà dit.	(wie du es schon gesagt hast)
j.	Verknüpfung herstellen, Unterschied ausdrücken, zur Wahl stellen	J'y vais, **et** toi? Je viens, **mais** mon ami ne peut pas venir. mercredi **ou** (bien) jeudi	(und du?) (aber mein Freund kann nicht kommen) (Mittwoch oder Donnerstag)

Die Konjunktionen *et, mais* und *ou* verknüpfen Sätze und Satzteile mit gleichem Rang (Beiordnung).

Anhang

Verzeichnis der grammatischen Ausdrücke

Die folgende Liste soll die Benutzung der vorliegenden Grammatik erleichtern, indem sie die grammatischen Bezeichnungen, die oft nebeneinander benutzt werden, gegenübergestellt. Im übrigen ist es unerheblich, welcher Sprache man die grammatischen Bezeichnungen für den Unterricht und das Sprachenlernen entnimmt; ob man also die »deutschen« (z. B. Bindewort), die »lateinischen« (z. B. Konjunktion) oder die französischen Bezeichnungen (z. B. la conjonction) wählt. Wichtig ist nur, daß klar ist, was mit dem jeweiligen Ausdruck bezeichnet wird; wir fügen daher jeweils ein Beispiel hinzu.

			Beispiel	
Adjektiv, das	Eigenschaftswort	l'adjectif *m*	une **belle** fille	
Adverb, das	Umstandswort	l'adverbe *m*	**naturellement**	
Aktiv, das	Tatform	l'actif *m*	la police le **cherche**	s. Passiv
Akzent, der		l'accent aigu	**é** (été)	
		l'accent circonflexe	**ô** (chômage)	
		l'accent grave	**à** (là)	
Artikel, der	Geschlechtswort	l'article *m*		
unbestimmter Artikel		l'article indéfini	**un** livre	
bestimmter Artikel		l'article défini	**le** livre	

Teilungsartikel		l'article partitif	il achète **du** beurre	
Attribut, das	Beifügung	l'épithète *m*	un **grand** homme	*vgl.* Prädikatsnomen
Demonstrativpronomen, das	hinweisendes Fürwort			
substantivisches D.		le pronom démonstratif	**ceux**-ci	
adjektivisches D.		l'adjectif démonstratif	**cette** voiture	
feminin	weiblich	féminin, e	l**a** voitur**e**	
Fragepronomen				s. Interrogativpronomen
Futur, das	Zukunft	le futur simple le futur composé	je viendr**ai** je **vais** venir	
Genus, das	Geschlecht	le genre		s. a. feminin/maskulin
Gerundium, das		le gérondif	**en** entr**ant**	
Hilfsverb, das	Hilfszeitwort	l'auxiliaire *m*	je **suis** arrivé	
Imperativ, der	Befehlsform	l'impératif *m*	viens; va	
Imperfekt, das	Vergangenheit	l'imparfait *m*	je ven**ais** souvent	

Indefinitpronomen, das	unbestimmtes Fürwort			
substantivisches I.		le pronom indéfini	**quelques-uns**	
adjektivisches I.		l'adjectif indéfini	**quelque** chose	
Indikativ, der	Wirklichkeitsform	l'indicatif	il **vient**	s. Konjunktiv
Infinitiv, der	Grundform	l'infinitif *m*	cherch**er**, vend**re**	
Interrogativpronomen, das	Fragefürwort			
substantivisches I.		le pronom interrogatif	**qui** est arrivé?	
adjektivisches I.		l'adjectif interrogatif	**quelle** classe?	
Konditional, das	Bedingungsform	le conditionnel	je viendr**ais**, si . . .	
Konjunktion, die	Bindewort	la conjonction	**quand** il arrive, . . .	
Konjunktiv, der	Möglichkeitsform	le subjonctif	il faut que tu **viennes**	s. Indikativ
Konsonant, der	Mitlaut	la consonne	»t«; »g«	
maskulin	männlich	masculin, e	le garçon	s. feminin
Negation, die	Verneinung	la négation	il **ne** vient **pas**	
Nomen, das	Hauptwort	le nom	la **ville**	
Numerus, der	Zahl	le nombre		s. a. Singular/Plural

Objekt, das	Satzergänzung	le complément d'objet		s. Subjekt
direktes O.		le complément d'objet direct	je **le** cherche (Pierre)	
indirektes O.		le complément d'objet indirect	je **lui** donne le livre (à Pierre)	
Partizip, das	Mittelwort	le participe (passé)	il est **arrivé**	
Passiv, das	Leideform	le passif	il est **cherché par** la police	s. Aktiv
Perfekt, das	vollendete Gegenwart	le passé composé	il **est venu**	
Person	la personne			
Personalpronomen, das	persönliches Fürwort	le pronom personnel	il vient; je **le** vois	
verbundenes P.		le pronom personnel atone	**je** le vois	
unverbundenes P.		le pronom personnel tonique	c'est **moi**	
Plural, der	Mehrzahl	le pluriel	**nous** voilà; ils arrive**nt**; le**s** journ**aux**	s. Singular
Plusquamperfekt, das	vollendete Vergangenheit	le plus-que-parfait	il **était venu**	
Possessivpronomen, das	besitzanzeigendes Fürwort			
substantivisches P.		le pronom possessif	c'est **le mien**	
adjektivisches P.		l'adjectif possessif	**mon** livre	

Prädikatsnomen, das	Aussagewort	l'attribut *m*	il est **médecin**	s. Attribut
Präposition, die	Verhältniswort	la préposition	**à** Paris	
Präsens, das	Gegenwart	le présent	il **vient**	
Pronomen, das	Fürwort	le pronom		s. Personal-, Interrogativ-, Possessivpronomen usw.
Pronominaladverb, das		l'adverbe pronominal	elle n'**y** est plus	
Reflexivpronomen, das	rückbezügliches Fürwort	le pronom réfléchi	il **se** lave les mains	
Relativpronomen, das	bezügliches Fürwort	le pronom relatif	le monsieur **qui** arrive	
Singular, der	Einzahl	le singulier		s. Plural
Subjekt, das	Satzgegenstand	le sujet		s. Objekt
Substantiv, das	das Hauptwort	le nom	le **train**	
Teilungsartikel, der		l'article partitif	il achète **du** beurre	
Tempus, das	Zeitform	le temps (verbal)		
Verb, das	Tätigkeitswort	le verbe	ils **arrivent**	
Vokal, der	Selbstlaut	la voyelle	»e«; »i«	s. Konsonant

Lautumschrift (Vokale)

	Französisches Beispiel	Vergleichbares hochdeutsches Beispiel
[a]	panne [pan]	wann
[e]	thé [te]	Tee
[ɛ]	sec [sɛk]	keck
[ə]	me [mə]	–
[i]	qui [ki]	Kiel
[o]	eau [o]	wo
[ɔ]	comme [kɔ]	vom
[ø]	cheveux [ʃ(ə)vø]	Bö
[œ]	œuf [œf]	Geschöpf
[u]	clou [klu]	Kuh
[y]	tu [ty]	früh
[ã]	blanc [blã]	–
[ɛ̃]	pain [pɛ̃]	–
[õ]	mon [mõ]	–
[ː]	*(Längenzeichen)*	

Lautumschrift (Konsonanten)

	Französisches Beispiel	Vergleichbares hochdeutsches Beispiel
[b]	blond [blõ]	blond
[d]	direct [dirɛkt]	direkt
[f]	fils [fis]	viel
[g]	goût [gu]	gut
[j]	feuille [fœj]	ja, Marseille
[k]	crise [kriːz]	Krise
[l]	la [la]	Lampe
[m]	ma [ma]	Mantel
[n]	nez [ne]	Nebel
[p]	papa [papa]	Platz
[r]	rose [roːz]	Rose
[s]	tasse [tas]	Tasse
[t]	trou [tru]	Trubel
[v]	vers [vɛːr]	Werk
[w]	loi [lwa]	–
[z]	musée [myze]	Museum
[ʒ]	général [ʒeneral]	Genie
[ʃ]	chaud [ʃo]	schon
[ɥ]	huit [ɥit]	–
[ɲ]	cognac [kɔɲak]	Kognak
[ŋ]	camping [kãpiŋ]	sing!

Sachregister
Die Zahlen verweisen auf die Seiten

à (Präposition) 101 f.
à + Artikel (bei Ländernamen) 31
abgeleitete Adverbien 192 f.
absolute Fragestellung 89; 93
accepter 135; 172
accord 41; 63; 132; 139
accorder qc. à qn. 171
accuser 172
accuser qn. 135
acheter 144; 168
acheter cher 194
acheter qc. à qn. 171
adjectif 35 f.
adjectif démonstratif 60 f.
adjectif indéfini 66 f.
adjectif interrogatif 88 f.
adjectif possessif 56 f.; 60 f.
Adjektiv 35 f.
admettre 168
Adverb 191 f.
adverbe 191 f.
adverbes pronominaux 80 f.
Adverbiale Bestimmung (Artikel) 13
Adverbiale Strukturen 213
afin que 225
–age 21
agir: s'~ 172
agit: il s'~ 135

agit: il s'~ de 170; 172
agréable à + Infinitif 45
agréable: il est ~ 136
agréable: il est ~ de + Infinitif 45
aider qn. 137; 169
ailleurs 197
aimable 45
aimer 135; 172
aimer mieux 135
aimer que 129
ainsi: s'il en est ~ . . . 81
–al (Adjektiv) 40
–al (Substantiv) 21
aller 82; 121; 135; 140; 148; 173
aller faire qc. 142
aller voir 173
aller: s'en ~ 148; 173
alors 197
amener 144; 168
–amment (Adverb) 192; 193
amuser: s'~ 80; 137; 173
ancien 43
animal 26
annoncer qc. à qn. 171
apparaître 168
appeler 144; 148
appeler: s'~ 80
apporter qc. à qn. 171

apprendre 137; 168; 173
apprendre le français 12
apprendre qc. à qn. 171
approcher: s'~ 80
approcher: s'~ de qn./de qc. 170
après (Adverb) 197
après (Präposition) 104; 115; 137
après que 224
arrêter: s'~ 80; 135
arrière: en ~ 197
arriver 137; 140; 174
art 24
article 10 f.
article défini 11 f.
article indéfini 14 f.
article partitif 14 f.
Artikel 10 f.
Artikel bei Ländernamen 30
Artikel: bestimmter ~ 11 f.
Artikel: Teilungs~ 14 f.
Artikel: unbestimmter ~ 14 f.
asseoir: s'~ 80; 149
assez 198
assez de 17
assister 174
atteindre 168
attendre 174
attendre qn./qc. 169

232 Sachregister

attendre: s'~ 137
attendre: s'~ à qc. 170
attention: faire ~ 14
attributives Adjektiv 41; 43
au 11
au bout de 105
au-dessous 198
au-dessous de 104; 115
au-dessus 198
au-dessus de 104; 115
–au: (e)~ 21
aucun(e)... ne 215
aucun(e): ne... ~ 215
aujourd'hui 198
auprès de 105
Aussagesatz: Wortstellung 82 f.; 219 f.
aussi 198
aussi... que 45; 197
autant 199
autant de 18
auto 24
autour: tout ~ 199
autour de 104
autre 66
autrefois 199
aux 12
avant (Adverb) 199
avant (Präposition) 105; 115
avant de 137
avant que 129; 223
avec 105
avec (Artikel) 16
avoir 141; 142; 150; 175
avoir à 137
ayant: en ~ 138

banc 24
barbe 24
bas 199
bas: en ~ de 105
battre 150
beau: avoir ~ 175
beaucoup 194; 196; 200
beaucoup de 17
Bedingungsform 123 f.
Bedingungssatz 124 f.
Befehlsform 85 f.
Befehlssatz 222
Begriffe 34
Berufsbezeichnung (Artikel) 13
besitzanzeigendes Fürwort 56 f.
besoin: avoir ~ 14
besoin: avoir ~ de qc. 170
beurre 24
bezügliches Fürwort 97 f.
bien 18; 194; 196; 200
bien que 129; 225
bientôt 200
bière 23
Bindewörter 223 f.
boire 151
bon 44
bon marché 194
bonheur: le ~ 136
bouillir 151
Bruchzahlen 53
bureau 27
but: avoir pour ~ 136

ça 65
cacher qc. à qn. 171

cadeau: faire ~ 14
camping: faire du ~ 15
capable 45; 136
capable: être ~ de 45
car 224
cause: à ~ de 105
ce 61; 62; 74
ce que 63
ce qui 64
ce sont 62; 86
ceci 65
cela 64; 65; 75
celle-ci 61
celle-là 61
celles-ci 61
celles-là 61
cellophane 24
celui de... 62
celui que 62
celui-ci 61
celui-là 61
cent 51
certain 68
ces 61
cesser 135; 175
cette 61
ceux-ci 61
ceux-là 61
chacun(e) 68
changer 175
chanson 24
chaque 68
charger 176
château 27
chaud: avoir ~ 14

cher 194
cher: acheter ~ 194
cher: vendre ~ 194
chercher 137; 143; 176
cheval 26
cheveu 27
chez 105
chiffre 24
chocolat 24
cigare 24
cinq 49
clé 23
combien 93
combien de 18
comme (Adverb) 201
comme (Konjunktion) 224; 225
commencer 135; 145; 176
comment 92; 93
commettre 168
commode 45
commode: il est ~ 136
complément d'objet direct 76
complément d'objet indirect 74
comprendre 168
condition: à ~ *que* 129; 225
conditionnel 123 f.
conduire 168
confiance: avoir ~ 14
confirmer qc. à qn. 171
conjonction 223 f.
connaissance: perdre ~ 14
connaître 151
conseiller 176
conseiller à qn. 135
content 45; 136

content: être ~ *de* + Infinitiv 45
content: être ~ *que* 129
contenter: se ~ 135; 176
continuer 135; 137; 177
contre (Adverb) 201
contre (Präposition) 106
contrôle 24
convaincre 168
côté 24; 201
côté: à ~ *de* 106
côté: de l'autre ~ *de* 106
côté: du ~ *de* 106
coucher: se ~ 80
cour 23
courage 23
courir 141; 152
cours 23
coûter cher 194
couvrir 168
craindre 152; 217
craindre qn./qc. 169
croire 135; 152; 177
croire à qc. 170
croire qn./qc. 169
crois: je ne ~ *pas que* 129
cueillir 153
cuiller 23

d'abord 197
dans 106; 115
danse 24
»das« 63; 64; 65
date 4
Datum 54
Datum (Artikel) 13

d'autre 67
de 107
de (Präposition) 107 f.
de l' (Teilungsartikel) 15
de la (Teilungsartikel) 15
debout 201
décevoir 168
décidé: être ~ 137
décider 135; 178
décider: se ~ 137
décision: prendre la ~ 136
découvrir 168
dedans 201
défendre 178
défendre à qn 135
défendre qc. à qn. 171
dehors 201
déjà 201
demain 201
demander 137; 178
demander à qn. 135; 170
demander qc. à qn. 171
demander qn./qc. 169
demi 54; 55
demi-bouteille 55
demi-journée 55
demi-litre 55
Demonstrativpronomen 60 f.
dent 23
dépêcher: se ~ 80; 135; 178
depuis 109
depuis que 224
dernier 43
derrière (Adverb) 202
derrière (Präposition) 109; 115

des 12; *14*
dès que 223
descendre 141; 142
désirer 135; 178
désirer que 129
deux 47
deuxième 52
devant (Adverb) 202
devant (Präposition) 106; 115
devenir 168
devoir 82; 135; 153; 179
devoir faire qc. 142
devoir: le ~ 136
»dies« 63
difficile 46; 137
difficile: c'est ~ à + Infinitiv 46
difficile: il est ~ de + Infinitiv 46
dire 153; 179
dire à qn. 135
dire qc. à qn. 171
direktes Objekt 76; 84; 85; 132; 220
discours indirect 126 f.
disparaître 168
dix 49
dix-huit 49
dix-neuf 49
dix-sept 49
donc 202
donner qc. à qn. 171
dont 100
dormir 154
douter 179
douter de 170
douter: se ~ de 80; 170
douzaine 24; 54

droit: le ~ 136
droite: à ~ 201
droite: à ~ de 109
du 11
du (Teilungsartikel) 15

–e 22
–eau (Pluralbildung) 27
échapper 141
écrire 154
écrire qc. à qn. 171
effet 201
Eigenschaftswort 35 f.
eigentliches Subjekt 65; 74
einräumen 225
Einzahl (Adjektiv) 40
Einzahl (Substantiv) 25 f.
emmener 144; 154
–emment (Adverb) 192; 193
empêcher 179
empêcher qn. 135
employer 144; 155
emprunter qc. à qn. 171
en (bei Ländernamen) 32
en (Personaladverb) 80 f.
en (Präposition) 109; 115
en dehors de 109
en face 202
en face de 111
en haut de 111
enchanté 136
enchanté: être ~ de 46
encore 201
endormir 168
enfin 201

enlever 144; 168
enlever qc. à qn. 171
ennuyer 155
ennuyer: s'~ 80
ensemble 202
ensuite 202
–ent 21
entendre 135; 179
entre 110; 115
entre autres 67
entrer 140
Entscheidungsfragen 88
envie: avoir ~ 14; 136
envoyer 145
envoyer qc. à qn. 171
Ergänzungen zum Adjektiv 45
Ergänzungen zum Substantiv 28
Ergänzungen zum Verb 173
Ergänzungsfragen 90; 93
»es« 64; 65
espérer 135; 144; 168; 180
essayer 135; 145; 156
essuyer 144
est-ce que 89; 92
est: c'~ 62; 86
est: c'~ . . . que 63
est: c'~ . . . qui 63
est: ce n'~ pas 18
est: ce n'~ plus 18
–et 21
et 225
étage 23
étant: en ~ 138
éteindre 156
étiquette 24

étonner: s'~ de 170
être 140; 142; 157; 180
–eu (Pluralbildung) 27
éviter 135
excuser: s'~ 135
excuser: s'~ de 170
expliquer qc. à qn. 171

facile 46; 137
facile: être ~ à + Infinitiv 46
facile: il est ~ 136
facile: il est ~ de + Infinitiv 46
faim: avoir ~ 14
faire 135; 157; 181
faire attention 14
faire cadeau 14
faire de la musique 15
faire du camping 15
faire du ski 15
faire du sport 15
faire mine 136
faire plaisir 14
fait 203
falloir 82; 157; 182
Familiennamen 27
faut: il ~ 135
faut: il ~ partir 75
faut: il ~ que 129
faut: il lui ~ 75
feminin (Adjektiv) 36 f.
feminin (Substantiv) 20
Feste 34
feu 27
fier: être ~ de 46
finir 135; 146; 182

foie 23; 24
fois 23
Folge 224
fond: au ~ 203
Frageformen 88 f.
Fragesatz 222
Fragewort 88 f.; 132
Fürwort 56 f.
Futur 121 f.; 125; 126
futur antérieur 122
futur composé 121; 143
futur simple 121; 143
Futur: 2. ~ 122; 131

garage 23
gâteau 27
Gattungsbezeichnung (Artikel) 13
gauche: à ~ 203
gauche: à ~ de 111
Gegenwart 116
genou 27
genre 20 f.
Genus 20 f.
geographische Namen 34
gérondif 138
Gerundium 138
Geschlecht 20 f.
Geschlecht bei Ländernamen 30
Geschlechtswort 10 f.
grâce à 111
grammatische Bezeichnungen 226
Großschreibung der Substantive 34
groupe 24
Grund 224
Grundform 134 f.

Grundzahlen 48 f.
guère: ne . . . ~ 215

habiller: s'~ 80; 137
Hauptsatz 126; 127
Hauptwort 19 f.
haut 203
Hervorhebung 63; 87
hésiter 137; 182
heure 54
heureux 136
heureux: être ~ de 46
heureux: être ~ que 129
hier 203
Hilfsverben 140
hinweisendes Fürwort 60 f.
Hörbild (Adjektiv) 39; 40
Hörbild (Adverb) 192 f.
Hörbild (Artikel) 12
Hörbild (Partizip) 133
Hörbild (Substantiv) 25; 26
huit 49

ici 203
idée: l'~ 136
»ihr/Ihr« 58
–il 22
il 63; 74; 140
il arrive que . . . 174
il en reste 75
il est difficile 136
il fait beau 75
il fait chaud 75
il fait frais 75
il fait froid 75

il fait jour 75
il fait lourd 75
il fait mauvais 75
il fait nuit 75
il fait sombre 75
il y a 75; 76; 111; 115
il/elle 73
ils/elles 73
imparfait 118 f.; 125 f.; 143
Imperativ 77; 79; 83; 85; 87; 143
Imperfekt 118 f.; 125 f.; 143
impossible 46
impossible: il est ~ 136
impossible: il est ~ de + Infinitiv 46
impossible: il est ~ que 129
Indefinitpronomen 66 f.
indirekte Rede 126 f.
indirektes Objekt 77; 84; 85; 132; 133; 220
infinitif 84; 134 f.
Infinitiv 84; 134 f.
Infinitiv mit *à* 137
Infinitiv mit anderen Präpositionen 137
Infinitiv mit *de* 135
Infinitiv ohne Präposition 135
informer: s'~ 80
installer: s'~ 80
intention: l'~ 136
interdire 182
interdire à qn. 135
interdit: il est ~ 136
intéresser 183
intéresser: s'~ 80
intéresser: s'~ à qc. 170
Interrogativpronomen 88 f.
intransitive Verben 75

inviter 137; 183
–ion 22
–isme 22

jamais 204
jamais: ne . . . ~ 214
je 73
jeter 144; 158
jeu 27
jouer 183
journal 26
jusqu' . . ./jusqu'à 111
jusqu'à ce que 129; 224
juste: chanter ~ 194

kilo: un ~ de 17
Komparativ (Adjektiv) 43; 44
Komparativ (Adverb) 196
Konditional 123 f.; 143
Konditional I 127
Konditional: 2. ~ 124; 125; 131
Konjunktion 223 f.
Konjunktiv 127 f.

l' (Artikel) 11
l' (Personalpronomen) 76; 77
là 204
la (Artikel) 11
la (Personalpronomen) 76
là-dedans 201
laisser 135; 183
laisser qc. à qn. 171
Ländernamen 30
Ländernamen (Artikel) 13
laquelle (Fragewort) 93

laquelle (Relativpronomen) 99
l'autre jour 67
Lautumschrift 231
laver: se ~ 80
le (Artikel) 11
le (Personalpronomen) 76
Leideform 129 f.
lendemain: le ~ 204
lequel (Fragewort) 93
lequel (Relativpronomen) 99
les (Artikel) 11
les (Personalpronomen) 76
leur 59
leur (Personalpronomen) 77; 78
leur (Possessivpronomen) 57
leurs 57; 58
lever 144; 168
lever: se ~ 80
liqueur 24
lire 158
livre 22
loin 47; 136; 204
loin de 111
loin: être ~ de 47
longue: à la ~ 205
lui 77; 78

m' 76; 77
ma 57
Madame 26
Mademoiselle 26
maintenant 205
mais 225
mal 194; 205
manger 145

männlich (Adjektiv) 36 f.
männlich (Substantiv) 20 f.
manque: il lui ~ 75
manquer 183
marcher 141
maskulin (Adjektiv) 36 f.
maskulin (Substantiv) 20 f.
matin 205
maximum: au ~ 205
me 76; 77; 83
Mehrzahl (Adjektiv) 40
Mehrzahl (Substantiv) 25 f.
meilleur 44
meilleur marché 194
meilleur: le ~ 44
même 205
même(s) 69
menacer qn. 135
mener 144; 168
Mengenangaben 17; 18; 81
–ment (Adverb) 192; 193
mentir 168
mes 57; 58
métro 23
mettre 158; 183
mettre: se ~ 137
midi 55; 205
mien 59
mieux 196
mil 51
mille 51
millier 54
million 23; 52
mine: faire ~ 136
minimum: au ~ 205

minuit 55
minuit: à ~ 206
Mittelwort 131
modale Hilfsverben 142
Möglichkeitsform 127 f.
moi 83; 85
moi/toi 77
moins 44; 194; 196; 206
moins de 18
moins: à ~ que 225
moins: le ~ 44
mon 57; 58
monde 23
monnaie 23
Monsieur 26
monter 140; 142
montrer qc. à qn. 171
moquer: se ~ de 170
morceau: un ~ de 17
mourir 141; 159
moyen: le ~ 136
musique: faire de la ~ 15

nager 141
naître 141; 159
Namen von Denkmälern 34
Namen von Festen 34
Nationalitätenangabe (Artikel) 13
ne 216; 217
ne . . . aucun(e) 215
ne . . . guère 215
ne . . . jamais 214
ne . . . ni . . . ni 215
ne . . . nulle part 215
ne . . . nullement 215

ne . . . pas 18; 214
ne . . . pas non plus 215
ne . . . pas du tout 215
ne . . . personne 214
ne . . . plus 18; 214
ne . . . que 215
ne . . . rien 70; 214
ne . . . rien du tout 215
ne pas dire que 129
Nebensatz 126; 127; 222
nécessaire 47
nécessaire: il est ~ 136
nécessaire: il est ~ de + Infinitiv 47
nécessaire: il est ~ que 129
Negation 214 f.
négation 214 f.
nettoyer 144; 168
neuf 49
neutrales Subjekt 63; 64
ni: ne . . . ~ . . . ni 215
nom 19 f.
nombre: un grand ~ 140
nombres 48 f.
non 206
non plus 215
nos 57
notre 57
nôtre 59
nous 73; 76; 77
nous autres 66
nul . . . ne 215
nulle: ne . . . ~ part 215
nullement: ne . . . ~ 215
numéro 24

Objekt 56; 76; 77; 84; 85; 132; 133; 220
obligé 47; 136
obligé: être ~ de + Infinitiv 47
occuper: s'~ 135
occuper: s'~ de qn./de qc. 170
œil 26
œuf 26
offrir 159
offrir qc. à qn. 171
on 74; 129
opéra 24
Ordnungszahlen 52
ordre des mots 219 f.
Ortsangabe 81
oser 82; 135; 184; 216
ou 225
-ou (Pluralbildung) 27
où (Fragewort) 91; 94
où (Relativadverb) 99
oublier 136; 184
oui 207
ouvrir 160

par 112
paraître 135; 160; 184
parce que 224
parcourir 168
pardonner qc. à qn. 171
parler à qn. 170
parler bas 194
parmi 112; 115
part 207
part: de la ~ de 112
parti 24
participe 131

partir 141; 160
partir: à ~ de 112
Partizip 131
partout 207
pas de 17
pas du tout 211
pas: ne . . . ~ 18; 214
pas: ne . . . ~ du tout 215
pas: ne . . . ~ non plus 215
passage 24
Passé antérieur 120
Passé composé 117; 131
Passé récent 117
Passé simple 120; 143
passer 142; 184
Passiv 129 f.; 131
pauvre 43
payer 145; 168
payer qc. à qn. 171
pédale 24
peindre 161
peine: à ~ 207
peine: la ~ 136
pendant 113
pendant que 224
penser 137; 185
penser à qn./à qc. 170
Perfekt 116; 126; 127; 143
permettre 168; 185
permettre à qn. 135
permettre qc. à qn. 171
Personalpronomen 73 f.; 132
Personennamen 34
persönliches Fürwort 73 f.
personne . . . ne 215

personne d'autre 67
personne: (ne . . .) ~ 70
personne: ne . . . ~ 214
peu 196; 207
peu: (un) ~ de 17
peur: avoir ~ 14; 136; 217
peur: avoir ~ de 170
peur: avoir ~ que 129
peut-être 207
photo 23
pierre 24
place 24
plage 24
plaindre: se ~ 161
plaindre: se ~ de 170
plaire 161; 185
plaisir: faire ~ 14
plein 47
plein: être ~ de + Substantiv 47
pleut: il ~ 75
pleuvoir 162
plupart: la ~ 140
plupart: la ~ de 18
Plural (Adjektiv) 40
Plural (Substantiv) 25 f.
pluriel (adjectif) 40
pluriel (nom) 25 f.
plus 44; 194; 196; 208
plus de 17
plus-que-parfait 119
plus: le ~ 44
plus: ne . . . ~ 18; 214
Plusquamperfekt 119; 125; 127; 131
pneu 27
Positiv 43

Possessivpronomen 56 f.; 78
poste 23
pour 113; 137
pour que 129; 225
pourquoi 92; 95
pourquoi: c'est ~ 224
pourtant 208
pouvoir 82; 135; 162; 216
pouvoir faire qc. 142
pouvoir: le ~ 136
prädikatives Adjektiv 41; 43
Präposition 99; 101 f.
Präposition bei Ländernamen 30
Präsens 116 f.; 126; 143
préférer 135; 144; 168; 186
préférer que 129
premier 52; *53*
prendre 162
préposition 99; 101 f.
près 208
près de 113
présent 116
presque 208
prêt 47; 137
prêt: être ~ à + Infinitiv 47
prêter qc. à qn. 171
prie: je vous en ~ 81
prier qn. 135
prison 24
produire 163
profiter de 170
promener: se ~ 80; 144; 168
promettre 136; 168; 186
promettre qc. à qn. 171
pronom 56 f.

pronom démonstratif 60 f.
pronom indéfini 66 f.
pronom interrogatif 88 f.
pronom personnel 73 f.
pronom personnel tonique 86 f.
pronom possessif 56 f.
pronom réfléchi 79
pronom relatif 97 f.
Pronomen 56 f.
Pronominaladverbien 80 f.
propos: à ~ de 113
proposer 136; 186
proposer qc. à qn. 171
puis 208

qu' (Relativpronomen) 98
quand (Fragewort) 95
quand (Konjunktion) 224
quand même 208
quant à 113
quart 54; 55
que (Adverb) 209
que (Fragepronomen) 91; 95
que (Konjunktion) 225
que (Relativpronomen) 98
que: ne . . . ~ 215
quel 91; 96
quelle 91; 96
quelque 70
quelque chose 70
quelquefois 209
quelques-un(e)s 71
quelqu'un(e) 70
qu'est-ce que 91
qu'est-ce qui 90

question: il n'est pas ~ 136
qui (Fragepronomen) 90; 96
qui (Relativpronomen) 98
qui est-ce que 91
qui est-ce qui 90
quoi 96
quoi: à ~ 92
quoi: de ~ 92

raconter qc. à qn. 171
radio 24
rappeler 168; 186
rappeler qc. (à qn.) 169
rappeler qc à qn. 171
rappeler: se ~ qc. 169
recevoir 163
recommander qc. à qn. 171
reconnaissant 47; 136
reconnaissant: être ~ à qn. de 47
reflexive Verben 80; 141
Reflexivpronomen 79; 132
refuser 136
refuser qc. à qn. 171
regelmäßige Verben 143
regretter 136; 186
Relativadverb 99
Relativpronomen 64; 97 f.; 132
Relativsatz 139
remercier 187
remercier qn. (de qc.) 169
remettre 168
rencontrer qn. 169
rendre qc. à qn. 171
rendre: se ~ compte de 170
renoncer à qc. 170

240 Sachregister

rentrer 141
repentir: se ~ 168
répéter 144; 163
répéter qc. à qn. 171
répondre à qn./à qc. 170
reposer: se ~ 80
reprocher 187
reprocher à qn. 135
reprocher qc. 171
rester 140
retourner 141
réussir 137; 187
rien d'autre 67
rien du tout 211
rien: ne . . . 70; 214
rien: ne . . . ~ *du tout* 215
rire 164
rire de 170
risquer 136
rôle 24
rückbezügliche Form 139
rückbezügliche Verben 80
rückbezügliches Fürwort 79

s' 79
–s (Pluralbildung) 26
sa 57; 58
sachant: en ~ 138
salade 24
salle 24
Sammelzahlen 54
sans 114; 137
sans (Artikel) 16
sans + Infinitiv 215
sans que 129

savoir 135; 164; 187; 216
savoir faire qc. 142
Schriftbild (Adjektiv) 36 f.
Schriftbild (Adverb) 192 f.
Schriftbild (Artikel) 12
Schriftbild (Partizip) 133
Schriftbild (Substantiv) 25 f.
se 79
second 53
selon 114
semble: il ~ *que* 129
sembler 135; 187
sentir 164; 188
sentir bon 194
sentir qc. 12
sept 49
servir 165; 188
servir qn./qc. 169
ses 57; 58
seulement 209
si (Adverb) 194; 209
si (Bedingung) 124; 225
si . . . que 45; 197
sien 59
Singular (Adjektiv) 40
Singular (Substantiv) 25 f.
singulier (adjectif) 40
singulier (nom) 25 f.
six 49
ski: faire du ~ 15
soif: avoir 14
soleil 24
son 57; 58
sortir 141; 142; 165
souffrir 168

sourire 168
sourire de 170
sous 114; 115
souvent 209
sport: faire du ~ 15
Steigerung des Adjektivs 43; 44
Steigerung des Adverbs 196
Stoffbezeichnung (Artikel) 13
Straßennamen 34
Subjekt 63; 65; 139; 140; 219; 220
subjonctif 127 f.; 143
Substantiv 19 f.
suffire 188
suffit: il ~ 136
suivre 141; 165; 188
suivre qn. 169
Superlativ (Adjektiv) 43; 44
Superlativ (Adverb) 196
supposer que 129
sur 114; 115
sûr: être ~ *de* 47
surprendre 168

t' 76; 77
–t– 145
ta 57
taire: se ~ 80; 166
tant 209
tant de 18
tard 210
tasse: une ~ *de* 17
Tätigkeitswort 116 f.
–té 22
te 76; 77; 83
Teilungsartikel 14 f.

téléphone: avoir le ~ 12
tellement 194; 210
temps: avoir le ~ *(de)* 12
temps: le ~ 136
Tempus 116 f.
tenir 137; 166; 189
tes 57
tête: avoir la ~ *lourde* 12
–tié 22
tien 59
tiers 54
Titel (Artikel) 13
Titel von Büchern 34
toi 83; 85
ton 57
tôt 210
toujours 210
tour 23
tout 71; 72; 210
tout à coup 211
tout à fait 211
tout à l'heure 211
tout de même 211
tout de suite 211
tout le monde 71; 139
traduire 168
train: être en ~ 181
train: être en ~ *de* 135; 189
transitive Verben 75
travail 26
travers 114
très 194; 212
trois 49
trop 194; 212
trop de 17

trou 27
trouver 189
tu 73

Übereinstimmung des Adjektivs 41
Übereinstimmung des Partizips 132
Übereinstimmung des Verbs 63; 139
Uhrzeit 54
Umstandswort 191 f.
un 14; 47
unbestimmter Artikel 14 f.
unbestimmtes Fürwort 66 f.
une 14
une centaine de 18
une douzaine de 18
unmittelbare Zukunft 121
unpersönliche Ausdrücke 63; 75
unregelmäßige Verben 148
Unterschied 225
unverbundenes Personalpronomen 78; 86 f.
ursprüngliche Adverbien 194
utile 47
utile: il est ~ 136
utile: il est ~ *de* + Infinitiv 47

vaincre 166
valoir 167
vaut: il ~ *mieux* 135
vendre 147
vendre cher 194
vendre qc. à qn. 171
venir 135; 136; 140; 167; 189
venir de faire qc. 142
venir faire qc. 142
Verb 116 f.

verbe 116 f.
Verben mit direktem Objekt 169
Verben mit indirektem Objekt 170
Verben und ihre Verwendung 172
verbes pronominaux 80
Verbindungen mit Adjektiven 45
verbundenes Personalpronomen 73 f.
Vergangenheit 118
Vergleich (Adjektiv) 45
Vergleich (Adverb) 197
vergleichen 225
Verhältniswort 101 f.
Verknüpfung 225
Verknüpfungen des Verbs 169 f.
Verneinung 214 f.
verre: un ~ *de* 17
vers 114
veux: je ne ~ *pas que* 129
victime 24
vingt 50
vite 194; 212
vivre 167
voici 85
voilà 85
voir 168; 190
voir clair 194
voix passive 129 f.
voler 141
Völkernamen 34
vollendete Gegenwart 117
vollendete Vergangenheit 118
volontiers 212
vorläufiges Subjekt 65; 74; 75
vos 57; 58
votre 57; 58

vôtre 59
vouloir 82; 135; 168; 190
vouloir faire qc. 142
vouloir que 129
vous 73; 76; 77
voyage 24

»was« 64

weiblich (Adjektiv) 36 f.
weiblich (Substantiv) 20 f.
wörtliche Rede 224; 225
Wortstellung 219 f.
-x (Pluralbildung) 26

y 80 f.; 212
yeux: avoir les ~ gris 12

Zahlwörter 48 f.
zeitliche Angaben 224
Ziel 225
Zukunft 121
Zukunft: 2. ~ 122
zusammengesetzte Substantive 27 f.
Zweck 225